シリーズ

人間科学

4

◎

学ぶ・教える

中澤 渉・野村晴夫 編

大阪大学出版会

シリーズ人間科学　巻頭言

一九七二年に私たちの「人間科学部」が大阪大学に生まれました。私たちの人間科学部は、心理学、社会学、教育学を中心に、哲学、人類学、生理学、脳科学などの文系から理系までの幅広い学問分野が交り合いながら、「人そのものと、人が営む社会」の理解を深めるために生まれた学部です。一九七〇年に大阪大学の近くで、大阪万博が開催されましたが、その当時は、技術の進歩や好況な経済の中で日本が沸き立っている最中でした。人々の暮らしもどんどん豊かになり、社会の営みも変わっていきました。そのような中で、私たちは、人々の暮らしの現場に寄り添い、課題を発見し、解決を目指しながら、新しい学問領域の「人間科学」を育て始めました。

それから五〇年近く経過し、私たち大阪大学人間科学部・大学院人間科学研究科の研究者はそれぞれの専門性を深めると同時に、他の学問領域の視座も取り入れることで、人の心、身体、暮らし、社会、共生を探究しながら、それぞれが自らの「人間科学」を作り上げようとしています。その成果を多くの方々に触れていただくために「シリーズ人間科学」を刊行することにしました。そして、「シリーズ人間科学」は人間科学部設立当時からある「人間科学とは何ですか？」という疑問への現時点における私たちからの回答の一つです。

「シリーズ人間科学」の第四巻のタイトルは『学ぶ・教える』です。「学ぶ」ことは人だけでなく、人以外の動物もします。しかし、動物が仲間に「教える」ことはとても珍しいことです。人だけが、学校だけでなく、日々の暮らしの中で、「学ぶ」と「教える」を実践しています。表裏一体である「学ぶ・教える」をテーマに、一一人の研究者が集まり、それぞれの立場から原稿をまとめ上げました。「学ぶ・教える」を多様な視点から見つめた本書が人間理解につながることを、読者の皆さんにも実感していただけると思います。

「シリーズ人間科学」は第一巻として『食べる』を二〇一八年三月に、第二巻の『助ける』、第三巻の『感じる』を二〇一九年三月に刊行しました。さらに、本書の『学ぶ・教える』のあとには、「病む」、「老いる」、「争う」のように、人の「こころ」と「からだ」と「くらし」を表すタイトルを持つ続巻の刊行を予定しています。どの一冊も、あるいは一冊の本のどの章も、私たちの「人間科学」であり、人間の理解につながるものであると思います。「シリーズ人間科学」を通して、読者の皆さんと私たちの交流が、お互いに刺激的で、創造的に発展することを願っています。

大阪大学大学院人間科学研究科
「シリーズ人間科学」編集委員会

まえがき

「学ぶ」「教える」という動詞から、多くの人は学校の光景を連想するかもしれない。もちろん現代社会において、学校は、主たる学び、教えるための組織である。しかし「学ぶ」「教える」という場を学校に限定するのは、その意味を狭く捉え過ぎである。

人は、この世に誕生したとき、他者の支えなしには生きていけない。そして周囲の人々や、環境、社会からさまざまなものを徐々に吸収し、成長してゆく。これは、社会化とよばれるプロセスである。社会化の過程では、多くの失敗を重ねるだろうし、その失敗から学習することもある。人の一生は、「学ぶ」ことだといってよい。

一方で、人生の先達者として、子どもや後輩に、知識や技能を伝える、という場面も多々ある。あるいは、より日常的に、年齢や立場を超えて、ちょっとした情報を伝えたり、「こうしたほうがいいのでは」という提案を示したりすることもある。これらは「教える」行為の範疇(はんちゅう)に含まれる。しかし「教える」過程で、うまく伝わらなかったなどと反省し「学ぶ」こともある。「学ぶ」と「教える」は、そういう意味で表裏一体の関係にある。

シリーズ人間科学第四巻は、人間科学という視点から「学ぶ」「教える」を鳥瞰したとき、一般に「学ぶ」「教える」を扱う既存の教育学の枠組みをはるかに超えた、多様なアプローチや見方が存在することを示そうと企図している。そこで取られるアプローチは、文系・理系の枠組みには収まらない。実験、フィールドワーク、ドキュメント分析、統計分析、比較研究や臨床的アプローチなど、人間科学の問いを明らかにする方法は多数ある。どの方法が適切かは、問いの内容に依存する。ただ、既存の特定の枠組みや方法論に収まることなく、さまざまな視点から人間活動を見つめれば、人の本性に迫る可能性が飛躍的に高まるであろう。「学ぶ」「教える」という単語から、かくも多様な切り口が存在するのだ、という学問体系の豊饒さが伝われば、本書の試みは成功したといえる。

本書の内容を、簡単に紹介しておきたい。この本は、三部一一章からなる。また章により多少の濃淡はあるが、前半の第五章までは、どちらかというと「学ぶ」に重点が置かれ、後半の第六章からは、「教える」が強調される内容となっている。

第一部は、広い意味での学習活動や社会化のプロセスを取り扱う。自閉症スペクトラムを通して乳幼児の発達や社会的コミュニケーションのあり方を考察する第一章、子育て本の分析から、性別に応じた育て方が社会的に構築されたものであることを示した第二章、学んだことを記憶したり、逆に忘れてしまったりする際に脳の中で何が起きているのかを解説した第三章、心理カウンセリングでの対話を通じ、変容する人々の記憶や学習のプロセスを記した第四章で構成される。

第二部は学校など、教育現場に特化した内容を取り扱う。第五章、第六章は外国の事例だが、前者はヨーロッパ（特にフランス）と日本の比較を通じて、当たり前と思う自国の教育制度を相対化して検討することの重要性を説く。後者は、ケニアを例に、日本とは異なる開発途上国ならではの学校教育の課題や、それを乗り越える試みを紹介している。第七章、第八章は日本の学校が議論の中心である。第七章は、進路指導を題材に、学校教育で教えうる内容には限界があること、第八章は、教えることの専門職とされる学校教員が直面する困難について考察している。

第三部は、人に教えることの実践と、実践の背景にある理論について検討している。あまりに日常生活に密着した交通安全についての指導の難しさと、それを乗り越える方法を考察した第九章、一般に、人から教わるものとは認識されにくい「創造性」を育むという困難な課題を取り上げた第一〇章、うまく教えるための授業開発の研究動向と、その知見に依拠しすぎることの陥穽（かんせい）を指摘した第一一章の三つの章から構成される。

最後に、本書の企画段階から助言をいただいた「シリーズ人間科学」編集委員会の各先生方、ならびに大阪大学出版会の川上展代さん及び板東詩おりさんに、責任編集者としてお礼申し上げたい。

責任編集者　中澤渉・野村晴夫

目次

第2部　学び、教える場としての学校

第3部　教えることの理論と実践

第1部

日常生活における学び

第1章　乳幼児期における社会的コミュニケーションの学び

金澤　忠博

1　はじめに

乳幼児は、生後半年間は、物より人を注視し、養育者との間で〈人―人〉の二項的対面コミュニケーションを繰り返す。やがて、人より物への志向性が強くなる〈人―物〉の二項関係の時期を経て、生後九ヵ月頃に他者の視点を取得する（九ヵ月革命）。これにより、共同注意が可能になり、〈人―物―人〉の三項関係が形成される。他者の視線の理解はやがて、人特有の能力としての、他者の心の理解（心の理論）へとつながる。こうした初期の社会的コミュニケーションの発達に困難を示すのが自閉スペクトラム障碍（しょうがい）（Autism Spectrum Disorder（ASD）：以下の文章では自閉スペクトラム症を自閉症と表記する）である。本章では、自閉症というレンズを通して、社会的コミュニケーションの発達を捉える。

2　自閉症とは何か

アメリカ精神医学会（American Psychiatric Association（APA））の『精神疾患の診断・統計マニュアル』の第五版（DSM-5）によれば、自閉症とは、①「社会的コミュニケーションおよび対人的相互反応における持続的な欠陥」と、②「行動、興味、または活動の限定された反復的な様式」を症状とする発達障碍の一つである。早ければ一歳半で診断がなされる。(1) ①には、アイコンタクト、身振り、顔の表情などによる、非言語的コミュニケーションの欠如、話し言葉の発達の遅れ、または完全な欠如や、他人と会話を開始し継続する能力など、言語的コミュニケーションの障碍が含まれる。アメリカの疾病対策予防センター（Centers for Disease Control and Prevention（CDC））の調査によると、自閉症の発症率は、一九七五年には小児五〇〇〇人に一人（〇・〇二％）であったが、二〇一八年の報告では五九人に一人（一・六九％）（男児では三七人に一人（二・七％）、女児は一五一人に一人（〇・七％））となっており（CDC, 2018）(10)、四三年間で約八五倍に増加したことになる。実際に増えているかどうかは不明であるが、増加の原因の一つとして、診断技術の向上と自閉症に関する理解が広まったことが考えられる。日本の豊田市の悉皆調査

（その地域に生まれた子ども全員を対象とした調査）でも約五五人に一人（一・八一％）という同様の数値が報告されている。[19]

3　社会的コミュニケーションの初期発達：二項的対面コミュニケーション

生後九分の新生児は、顔のパターンに強い選好性を示すことがわかっている。[15] 生得的と思われるこうした顔への選好性は、生後二ヵ月まで持続することが確認されている。[17] 生後二ヵ月の乳児は、顔の中でも目をよく見ることもわかっている。[19] 六ヵ月の乳児は、彼らから視線を逸らしている顔よりも、彼らを見ている顔の絵を長く見ることが報告されている。[23] ファローニらは、生後二～五日の新生児でも彼らを見ている顔の写真の方を長く注視することを示した。[14] また、新生児は見知らぬ女性の顔よりも母親の顔をよく見るという。[9] 相手の顔（特に母親の顔）や顔の中でも目をよく見ることと、彼らを見ている顔をよく見るという。これらの生まれつきの顔や目に対する感受性は、母親との相互注視（アイコンタクト：eye-to-eye contact）を可能にし、母子相互作用を促進すると考えられる。トレバーセン＆エイケンによれば、生後二ヵ月頃の乳児と母親は、互いに見つめ合い耳を傾け合いながら、複雑でリズミカルなパターンで、互いの興味や感情を調整し合い、多様な信号を交換し合い、音声や表情やしぐさを模倣し合う。[29] 母親は、強

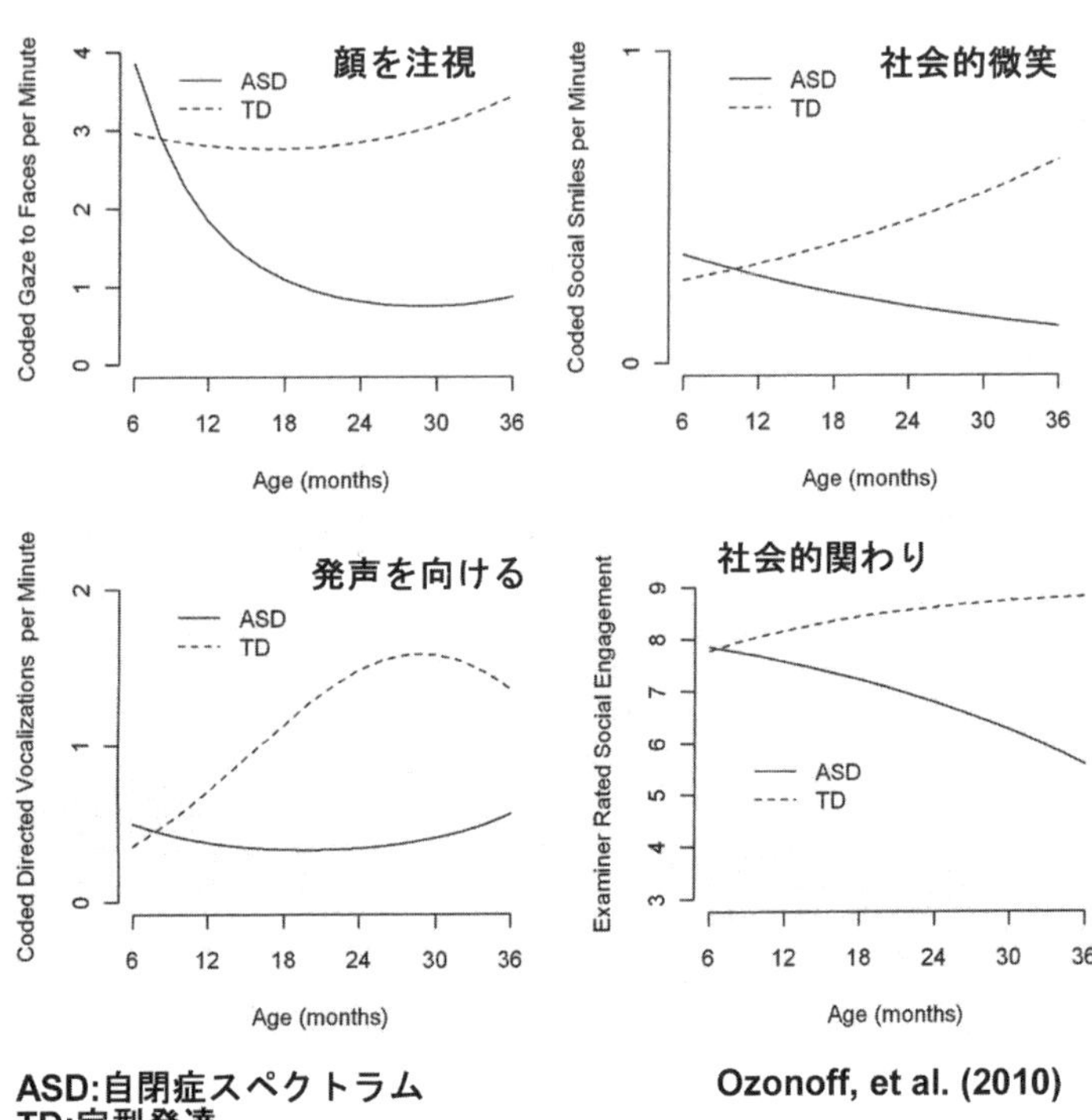

図1-1　ASD 児と定型発達児における社会的コミュニケーション行動の初期発達
（Ozonoff, et al., 2010（引用文献 22））

い共感性を持って表情豊かに振る舞い、乳児の注意を引きつけ、複雑で、相互に調整された表出や注目の交換を伴う相互交渉に導く。トレバーセン&エイケンは、乳児が、積極的に関わり、即座に応答し、大人のコミュニケーション意図を理解すると述べ、第一次間主観性と名付けた。○歳代前半のこうした母子のやり取りは物を媒介とせずに二者間で行われることから、二項的対面コミュニケーションと呼ばれる。

アイコンタクトが乏しい（目が合わない）という症状は、自閉症の診断マーカーとして広く用いられてきた。しかし、その症状がいつ頃から見られるようになるのかは知られていなかった。ジョーンズ＆クリンは、後に自閉症と診断されるハイリスク児五九名について出生直後から三歳まで視線の動きを縦断的に観察し、自閉症児のアイコンタクトのレベルは生後間もない時期は正常であり、二〜六ヵ月にかけて低下することを見出した[18]。オゾノフらも、同様の縦断的観察から、自閉症児は、生後六ヵ月の時点では、定型発達児と同程度に、他者に対して、アイコンタクトを示し、微笑みかけたり、声をかけたり、関わりかけたり、といった社会的コミュニケーション行動を示した（図1-1）と報告している[22]。これらの結果は、早期介入によって最初の反射的な目への社会的志向を維持できる可能性を示すものかもしれない。

4　物への二項的関わり

六ヵ月以降、乳児は、母親のまなざしを浴びながら、外界の物体に繰り返し活発に関わるようになる。一方、母親は、この時期、乳児が物に関わるとき、その視線や表情の変化を捉え、自らもその対象物に視線を向けて共有し、見守り、微笑み、声をかける。こうした母親の活動に注目したり、自らの活動（遊び）を、母親のまなざしを浴びながら進めたりするという体験を通して、しだいに対人意識や他者と活動を共有する準備ができてくる。

5　九ヵ月革命（他者の視点取得）から共同注意の獲得へ

やがて九ヵ月革命と呼ばれる決定的な変化の時期を迎える。母親が指さしたものに注目したり（指さし追従）、母親が見ただけでその視線を理解しその先にあるものに注意を向けたりすることができるようになる（視線追従）。他者の視点が取得され、さらに視線から他者の意図を共有する意図共有的共同注意が可能になる。九ヵ月革命は、人間以外の動物と人間を明確に分ける分岐点となる。[28]

図1-2　他者の視点取得（9ヵ月革命）が獲得できなかった自閉症児はバイバイが逆転したまま行われる

自閉症児の多くはこの九ヵ月革命を乗り越えられないようだ。自閉症児はバイバイができないか、バイバイができるようになっても、手のひらを自分に向ける「逆転バイバイ」という特徴的なパターンを示す（図1-2）。バイバイをしている相手の手のひらはこちらを向いている。それをそのまま正確に再現すると自分の手のひらも手前を向くことになる。なぜ、九ヵ月以降の定型発達児が自然に手のひらを相手に向けるようになるのかというと、定型発達児では九ヵ月以降他者の視点取得が可能になり、相手の視点に合わせて手のひらを相手に向ける（反転）がごく自然にできるようになるからである。

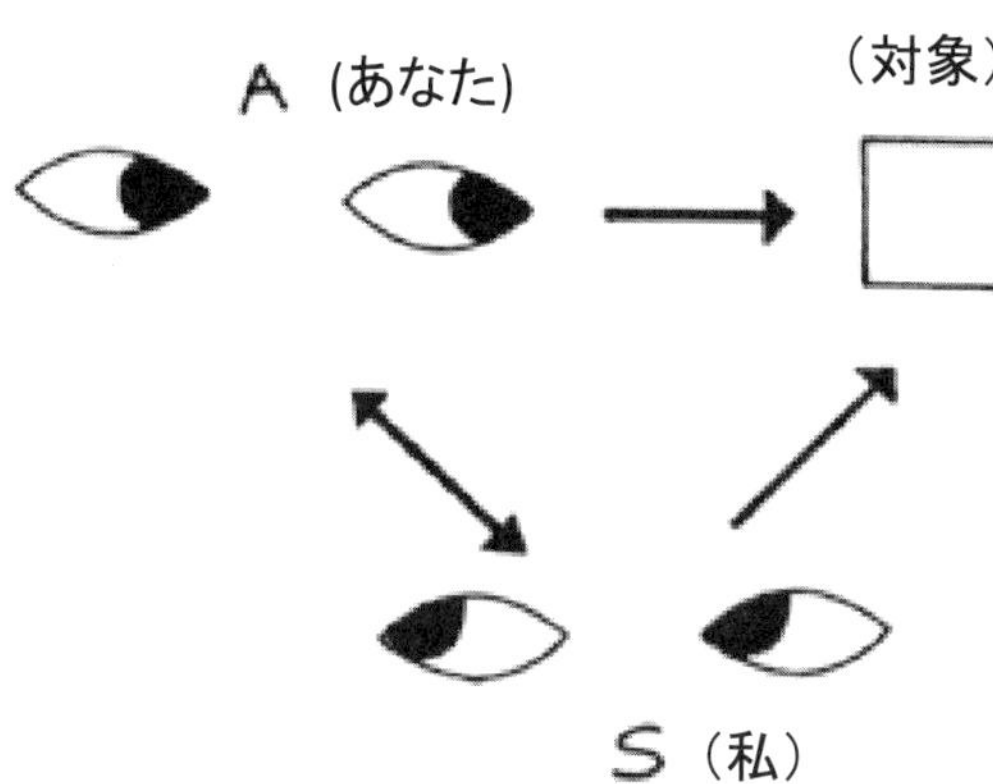

図1-3　共同注意：あなたと私は、私たちが同じ対象を見ていることを見る（知る）（バロン＝コーエン、2011（引用文献4））（一部改変）

6　共同注意の獲得

共同注意（Joint Attention（JA））とは、「乳児と大人とが同時に同じ対象に注意を向けており、さらに、互いに、相手が自分と同じ対象に注意を向けていることを理解していること」である（図1-3）。トマセロは、二者が単純に同じものを見ているだけでなく、両者がお互いに相手の注意をモニタリ

表1-1　M-CHATによるスクリーニング項目の一部

	質問項目	スキル
5.	電話の受話器を耳にあててしゃべるまねをしたり、人形やその他のモノを使ってごっこ遊びをしますか？	フリ遊び
6.	何かほしいモノがある時、指をさして要求しますか？	要求の指さし
7.	何かに興味を持った時、指をさして伝えようとしますか？	叙述の指さし
9.	あなたに見てほしいモノがある時、それを見せに持ってきますか？	見せる行動
15.	あなたが部屋の中の離れたところにあるオモチャを指でさすと、お子さんはその方向を見ますか？	指さし理解
17.	あなたが見ているモノを、お子さんも一緒に見ますか？	共同注意
19.	あなたの注意を、自分の方にひこうとしますか？	共同注意
23.	いつもと違うことがある時、あなたの顔を見て反応を確めますか？	社会的参照

ングしている状態を共同注意とし、生後九ヵ月以降に共同注意は成立すると述べている[27]。カーペンターらの追跡研究によれば、乳児は、生後九ヵ月から一二ヵ月にかけて、共同注意にかかわる九つのスキル（協調行動、視線追従、指さし追従、道具を使った動作の模倣、恣意的に作り出した動作の模倣、社会的障碍物に対する反応、指示的な身振りの使用、「提示する」「指さす」などの宣言的な身振りの使用）を発現させたという[10]。これらのスキルは他者が自分自身と同じように意図を持つ存在であるという理解ができはじめていることを示すと考えられている[27][28]。

共同注意は、その後の、心の理論、言語、身振りなど、より複雑な社会的コミュニケーションの基盤となる能力である[28]。共同注意の獲得により、乳児と外界との交渉は、それ以前の二項関係（dyadic interaction）から三項関係（triadic interaction）へと移行する。定型発達児では九ヵ月以降、他者と同じ対象に意図的にかつ同時に注目する共同注意が可能になり、指さし（pointing）をしたり、物を見せたり（showing）、他者の視線を追う（gaze following）ようになるが、自閉症児にはほとんど見られない。[28] バロン＝コーエンらは、自閉症の早期発見を目的とした一八ヵ月前後のスクリーニングに必要な三つの兆候として、①共同注意の欠如、②視線追従の欠如、③簡単なフリ（ごっこ）遊びの欠如、を挙げた。[5] 表1-1は自閉症の早期スクリーニング用評価ツールM-CHAT（The Modified Checklist for Autism in Toddlers）の項目の一部を示している。[25] 五番はフリ遊びであるが、それ以外の「視線追従」、「指さし」、「見せる行動」、「社会的参照」なども全て共同注意行動である。指さしには欲しい物を指し示す「要求の指さし」と、相手と情報を共有するためだけの「叙述の指さし」があるが、自閉症児には要求の指さしが見られることはあっても、叙述の指さしが見られないことが多い。これらはいずれも共同注意に関わる九つのスキルに含まれており、自閉症の子どもはほとんどできない。こうした自閉症の初期の発達の特徴を捉えるために、マンディ＆クロウソンも、「共同注意」に「遊び」と「模倣」を組み合わせたものが早期診断には最適の指標であるとし、とりわけ、共同注意は自閉症の早期発見に役立つ最も基本的な指標であると述べている。[21] また、共同注意は機軸スキルであるとする。機軸スキルとは、子どもの発達にとって重要な「軸」となる行動であり、その改善が他の行動に影響を及ぼし、広汎な改善と般化（類似した別の刺激や条件においても、同様の反応や学習効果を生じさせるようにすること）を生み出し続けるとする。

7　心の理論の獲得

共同注意による三項関係を利用し、それをメタ表象に転換することによって、四歳頃に、心の理論が形成される。[4] 心の理論とは、他者の心を読む、他者の心の状態を推測する心的機能であり、人間のみに備わった能力とされる。元々は、プレマック&ウッドラフが、霊長類研究で提唱した概念であり、自己及び他者の目的・意図・知識・信念・思考・疑念・推測・ふり・好みなどの内容が理解できる場合に、その人間は「心の理論」をもっていると考えられ、マインド・リーディングとかメンタライジングとも呼ばれる。[24] 心の理論とは、他者の行動の意味を理解し、行動を予測するための、他者の視点に立つ能力、言い換えると他者の考えや気持ちを理解する能力のことであり、心の理論の能力が備わっているか調べるテストにサリー・アン課題がある（図1-4）。これは誤信念課題とも言われ、人形を使って実施される。「サリーはかごを持ち、アンは箱も持っていた。サリーはビー玉をかごに入れ、そしてその場を離れた。サリーがいない間に、アンはビー玉を箱に移し替えた。戻ってきたサリーは、ビー玉を求めてどこを探すと思うか」と問われる。サリーはビー玉がカゴから箱に移し替えられたことは知らないので、「カゴ」と答えると正解になる。実際にはビー玉は箱に入っているので「カゴ」というのは実際とは異なる誤った信念（誤信念）ということになる。四歳の定型発達児と一一歳と年長だが言語精神年齢が二歳九ヵ月のダウン症児のほとんどは通過した。一方、一二歳と最も年長で精神年齢も五歳と高かった自閉症児にはできなかった。[2] これらの結果から、心の理論の障碍は自閉症に特徴的な障碍と考えられた。自閉症児は、四歳以降も心の理論課題を通過できないのかというとそうではなく、平均で言語精神年齢九歳二ヵ月には通過できるようになるとされる。[16] しかしその課題の解き方は定型発達児とは異なるのではないかとも言われ、より抽象度の高い高次の誤信念課題になると通過できないということも示されている。[3] バロン＝コーエンは、自閉症の中核には心の理論やその前駆体としての共

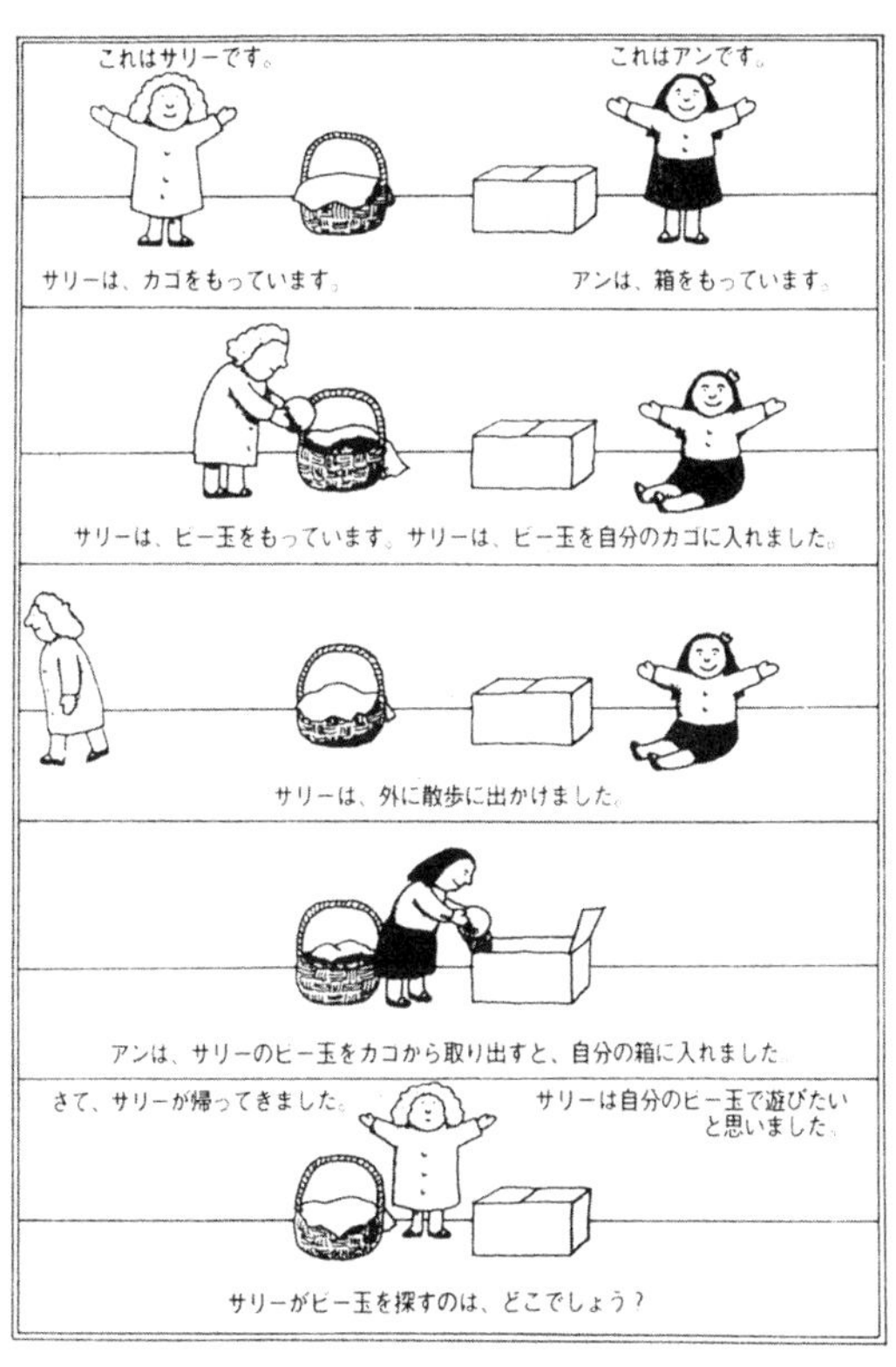

図1-4　“サリー・アン課題”（誤信念課題）
（Frith, U., 1989, Autism: Explaining the Enigma. Oxford: Basil Blackwell.（U. フリス（冨田真紀・清水康夫訳）、1991、『自閉症の謎を解き明かす』東京書籍））

同注意に障碍があると考え、マインド・ブラインド仮説を唱えた(4)。

8　自閉症児Aの三歳から一五歳までの縦断的変化

筆者が一三年間にわたり個別療育を行ってきた自閉症児Aの心理や行動の縦断的変化について、特に、共同注意や言語を含む社会的コミュニケーションの発達の様子に焦点を当てて見ていく。A児は知的障碍を伴う重度の自閉症児であり、初めて出会った三歳半の頃は、発話は全く見られず、アイコンタクトもなく、いつも遠くを見ているようなぼんやりとした目つきをしていた。すぐそばにいる母親さえも視界には入っていないようであった。物を指さす、物を見せる、物を渡す、などの共同注意行動も一切見られなかった。欲しい物がある時、A児は、近くにいる大人の手を引っ張り、道具的に利用する「クレーン行動」を示した。物への関わりは、レゴブロックを並べる、ミニカーのタイヤを回す、サインペンなど棒状の物を五～六本握りしめて眺める、青いブロックにこだわり一日中持ち歩く、などがみられた。当時から、文字、キャラクター、企業ロゴに興味を示した。自閉症児は興味の幅が狭いので、通常のオモチャや遊びに興味を示さない場合が多い。特定の物への強い興味が見られ、特にそれが文字に関する興味であるなら、その興味を糸口に発達を促進できる可能性がある。その他の症状としては、道順や手順へのこだわりがあり、手を見ながらくるくる回る、など常同行動（体の一部あるいは全体を目的なく繰り返し動かす行動）も見られた。

図1-5　個別療育のスケジュールを写真・絵・文字カードにより示す視覚的手がかりの例

(1)　視覚的手がかりを用いた構造化による環境調整

多くの自閉症児には、聴覚情報処理が苦手で視覚情報処理が得意という共通する特徴がある。音声による言語理解に困難を抱える自閉症児に指示を伝える場合、視覚手がかりを利用することが効果的である。スケジュールを伝える場合にも、図1-5のように絵カードを用いたり、タイマーを用いて残り時間を目で確認できるようにしたりすることで、見通しが持てるようになり、比較的スムーズな場面の切り替えが可能になる。

A児の療育に際しても、プレイルームをパーティションで区切り、「遊び」、「認知課題」、「オヤツ」、など活動ごとに専用のエリアを設け、物理的構造化を行うと共に、入り口にはその日のスケジュールを絵カードで示し、時間的構造化も行った。自閉症児は、状況が理解できず見通しが持てないため、特に初めて行く場所では強い不安を示す。A児もはじめは落ち着かない様子であったが、環境の視覚的構造化によりすぐに環境に慣れることができた。

(2)　PECS（Picture Exchange Communication System）の訓練による自発的要求手段の獲得

PECSとは、自閉症児に自発的なコミュニケーションスキルを習得させることを目的とした補助代替コミュニケーション（Augumented and alternative communication（AAC））システムである。[7] PECSの訓練は六つのフェイズに分けられており、フェイズⅠ（絵カードと物の交換を教える）、フェイズⅡ（自発性を高めその範囲を広げる：いろいろな距離、いろいろな相手、いろいろな場面で実行）、フェイズⅢ（二枚以上の絵カードを識別し欲しい物を要求）、フェイズⅣ（二枚の絵カードで二語文「○○ください」を作り要求）と訓練を進める。

(3)　PECSによる自発的要求行動の獲得

A児に対して、三歳半に個別療育を開始すると共に、PECSによる訓練をすぐに開始した。半年ほどの訓練によりフェイズⅢまで進み、A児は欲しい物を絵カードで自発的に要求できるようになった。自閉症児にとって、絵カードは一枚一枚が生きた言葉そのものである。訓練で絵カードによる要求が可能になると、自閉症児はそれほど欲しくない場合でも絵カードを頻繁に相手に渡す行動が見られるようになる場合がある。絵カードを相手に渡して相手から物がもらえるやりとりは、物を介した三項的コミュニケーションであり、要求対象の獲得よりもコミュニケーション自体が目的化したことの表れと考えられる。こうしたことから、自閉症児のコミュニケーションの希薄さは、定型発達児ならば自然に獲得されるはずの音声言語というコミュニケーションの手段がいつまでたっても獲得されないことにより徐々に動機づけが低下してしまったためである可能性が考えられる。

⑷　七年遅れの指さしの発現

ＰＥＣＳにより絵カードを用いた自発的要求手段を獲得してから、Ａ児は他にも社会コミュニケーション行動を示すようになった。八歳一ヵ月の時に、初めて要求の指さしを示した。手の届かないオモチャに向けて指さす要求のしぐさであった。それまでは、欲しいものの絵カードを渡すか、絵カードがなければ、他者の手を引いて物を取らせる「クレーン行動」や、他者の指を握って絵などを指させる「クレーン指さし」が見られただけであった。通常、要求の指さしの初発年齢は一二ヵ月頃であり、Ａ児の場合は、七年遅れでようやく出現したことになる。また、八歳二ヵ月でＰＥＣＳの文カードを復唱する際に指さす「叙述の指さし」も見られた。

自ら文字ピースで構成したロゴや紙に描いた絵（アニメのキャラクターなど）を見せて読ませる（説明させる）行動は、一二歳一〇ヵ月以降見られるようになった。

(5)　文字への限局された興味

A児は療育を開始した三歳半頃には、すでに文字や企業ロゴに興味を示していた。自閉症児はパターン化したもの、変わらない物に興味を示し易い。文字への興味は、個別療育を進める上で発展性があり、後に音声言語の獲得につながる可能性を秘めている。特に、日本語のかな文字は、ひとつひとつが音に対応している表音文字であり、発話を促す視覚手がかりとなり得る。

(6)　書字言語の獲得

A児の言語発達の特徴は、音声言語よりも早く書字言語を獲得したことである。隔週で一三年間行われた個別療育では、毎回認知課題を実施したが、四歳後半では文字（数字、アルファベット、ひらがな）のマッチング、五歳になると、遊びの中で、レゴブロックで企業ロゴなどの文字列を構成し始めた（図1-6）。見本を見ながら構成するのではなく、頭の中のイメージだけで複雑な色や形の文字列を再現した。

その後、マグネット付きの文字ピースを導入すると、文字ピースを用いて企業ロゴなどの文字列を構成するようになった。六歳に入るとお絵かきボードに生まれて初めて文字を書いた。私がA児の目の前でA児のすきな「YAHOO」という文字列を書いてみせると、私のペンを奪いとり「JAPAN」と書いたのである（図1-7）。A児は、それまで家庭での遊びや他の通所施設を含めて、絵にしろ文字にしろ、形のあるものを自発的に書（描）く行為は観察されたことはな

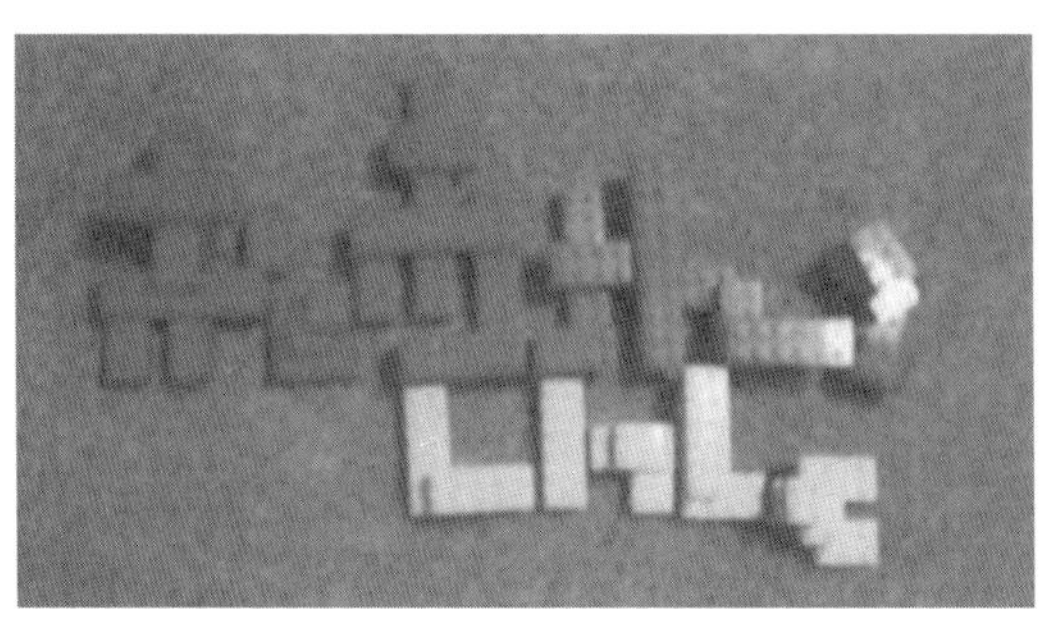

図1-6　頭の中のイメージを基にレゴブロックで構成したロゴ（5歳3-11ヵ月）“おかあさんといっしょ”

図1-7　筆者がYAHOOと書くと、ペンを取り上げ、JAPANと書いている途中。A児が生まれて初めて文字を書いた瞬間。（6歳4ヵ月）

かった。この日以降、A児はとりつかれたように、家で、落書き帳に多数の企業ロゴや幼児番組のロゴなどをカラフルに描くようになり、筆圧も強くなり、描線の正確さや、彩色の緻密さなどの表現力が急激に上がっていった。ロゴにはアルファベット、かな、数字、漢字などさまざまな文字が含まれていた（図1-8）。七歳になると、絵を見てその名前をひらがなやカタカナ

図1-8　好きなキャラクターの絵やロゴを描き色を塗る
（7歳4ヵ月）

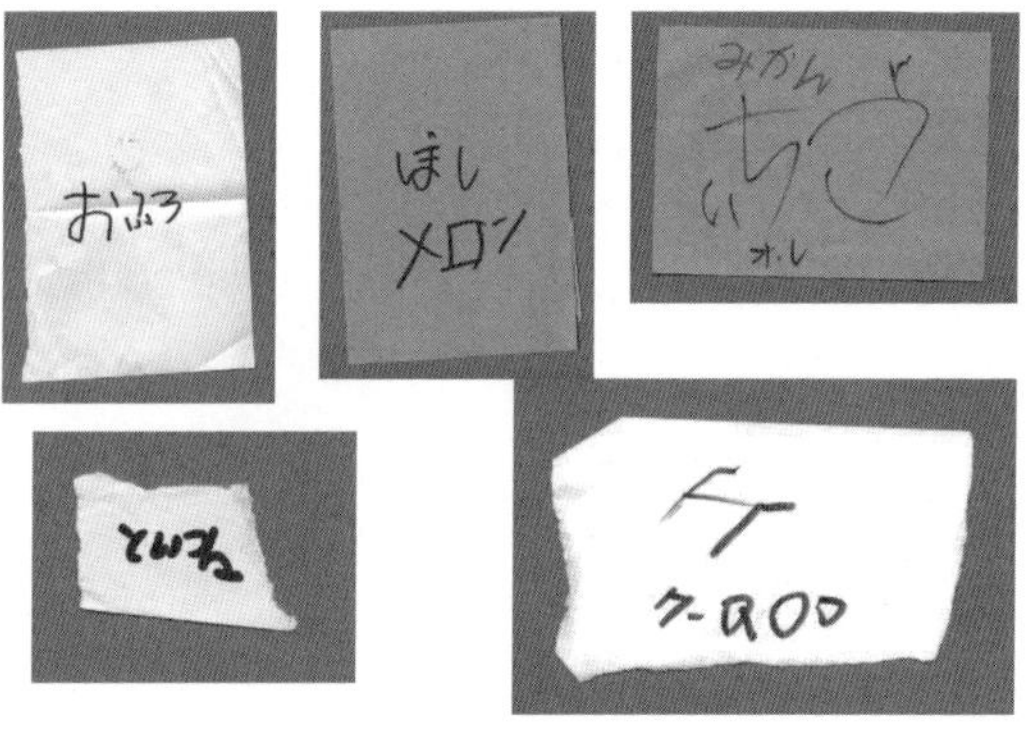

図1-9　欲しい物を紙切れに書いて母親に渡すようになる（文字による自発的要求）
（背景にはPECSによる自発的コミュニケーションシステムの獲得があると考えられる）（7歳6ヵ月）

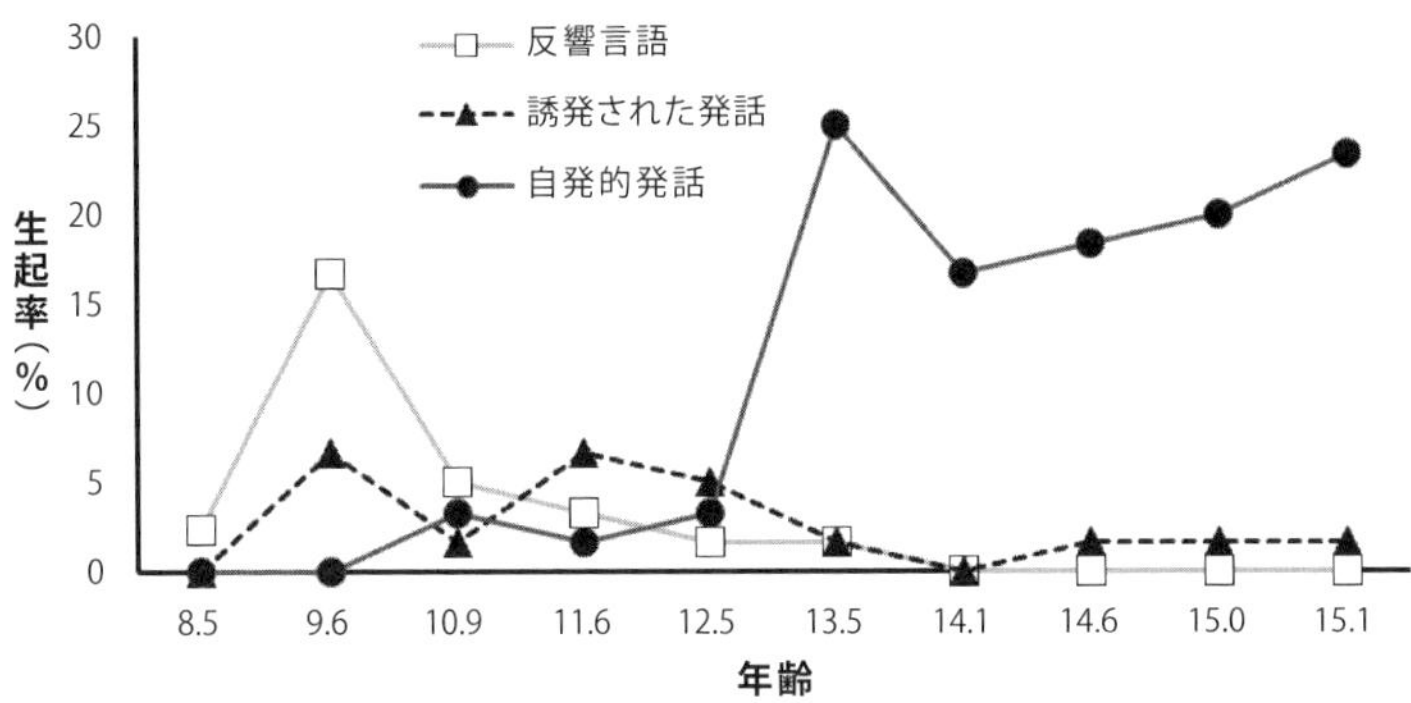

図1-10　Phase4以降の発話行動の発達的変化

で書く課題もできるようになった。七歳半には、自宅において、絵カードがない時に要求を紙片に文字で書いて要求するようになった（図1-9）。一〇歳からローマ字カナ変換を課題に取り入れ、一〇歳半でパソコンのローマ字入力キーボードを駆使してインターネットの検索サイトでキーワード検索ができるようになり、ローマ字で物の名前も書けるようになった。この時点でも発話はほとんど見られなかったが、ローマ字に関しては学年相応の能力を示した。一一歳にはローマ字かな漢字変換もできるようになった。

(7)　音声言語の獲得

A児には、当初、音声言語がまったく見られず、要求の自発的発話が初めて観察されたのは五年後の八歳過ぎであった。図1-10は、自由遊び場面（一〇分間）の映像記録を再生しながら、A児の発話行動を観察し、サンプル間隔一〇秒の一-一〇サンプリング法（サンプル間隔にあ

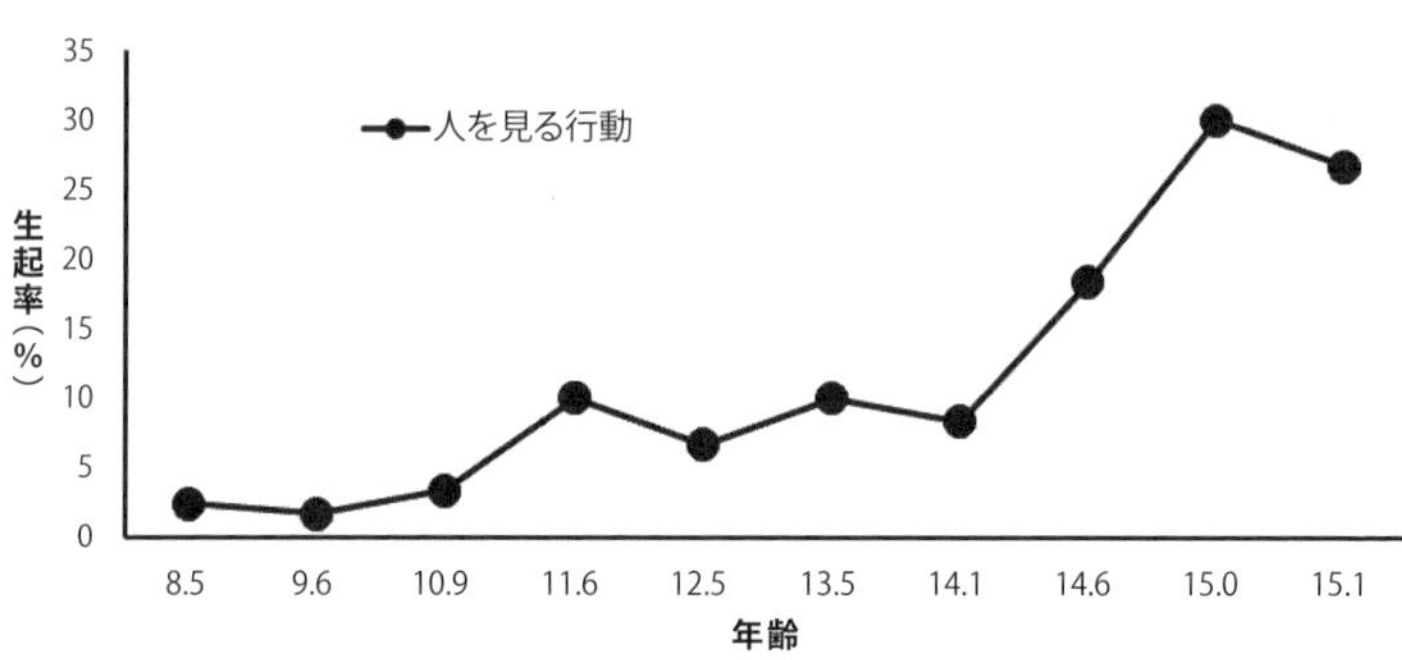

図1-11　Phase4 以降の人を見る行動の発達的変化

る行動が生起したら「一」、生起しなかったら「〇」とし、生起したサンプル間隔数を観察時間全体のサンプル間隔数で割り行動の生起率を求める方法）により生起率を算出しプロットしたグラフである。

最初の発話は、ＰＥＣＳのフェイズ四の訓練の最中、文カードを指さしながらコミュニケーション・パートナー（Communication Partner（CP））の発した言葉をそのまま繰り返すオウム返しであった。そのあと、音声プロンプト（言わせたい言葉の頭文字だけを言って発話を促す）により誘発された発話が見られるようになり、一三歳以降、遊び場面で、「〇〇ください」といった二語文の自発的発話による要求が増加し安定して見られるようになった（図１-10）。発話の際には相手とのアイコンタクトも見られるようになった。絵カードはリマインダーとしてちらっと見る程度で、次第に、絵カードを用いずに発話だけでの要求が自発するようになった。一五歳では、「〇〇せんせい、（おかし）、二つ、くださいい」など属性語を入れた表現を用いる訓練を開始した。定型発達児では通常音声表出言語の後で書字表出言語を獲得するが、A児は、逆に、書字表出言語を習得してから文字を視覚的手がかりとして利用しながら音声表出言語を発することができるようになった。

(8)　アイコンタクトの増加

自発的発話の増加に伴いA児のアイコンタクトも増加した。図1-11は、A児の他者とのアイコンタクトの生起率の変化を、発話行動の場合と同様に計算して示したものである。自由遊びの場面で欲しい物を要求するとき（獲得要請）や、自ら書いた絵や文字を近くの他者に見せて命名させたり読ませたりする際（援助要請）に、物と相手を交互に見る形でのアイコンタクトが観察された。アイコンタクト以外にも指さしが増加する傾向も認められた。

9　社会的認知障碍仮説と社会的動機づけ障碍仮説

自閉症の広範な社会的障碍を説明する理論として、心の理論や共同注意の障碍が中核にあるとする社会的認知障碍仮説[4]がある。それに対して、最近、自閉症の中核には社会的動機づけの障碍があるとする説が注目されるようになってきた。社会的動機づけとは、人を社会的世界に方向付け（社会的志向）、社会的相互交渉に喜びを感じ（社会的報酬）、社会的絆を育み維持する（社会的関係の維持）ように仕向ける一連の心理的傾向や生物学的メカニズムである。社会的動機づけの障碍仮説では、これら、社会的志向、社会的報酬、社会的関係の維持の全てが減弱することにより、社会的認知を含む一連の発達を連鎖的に阻害すると考える。[13][8] 言い換えると、やがて自閉症を発症させる子どもには、初期に社会的動機づけの欠損があり、それが、彼らを取り巻く環境の中で、社会に関連する情報に注目し、そこから学習するのを妨げる。この欠損は、心の理論や共同注意を含めた社会的認知の欠損を説明するものであるとされる。すなわち、社会的認知の障碍は、自閉症の社会性の障碍の原因というよりは、結果であると見なす説である。

ＰＥＣＳによる訓練では、絵カードによる自発的要求行動が強化されることで、絵カードを渡す行動以外の他者への関わりの動機づけが高められるようだ。実際に、Ａ児の事例では、ＰＥＣＳの訓練により、発話が見られるようになり、アイコンタクトや指さしなど非言語的社会コミュニケーション行動が増加する傾向が見られた。

これまでの研究では、絵カードによる伝達以外にも、副次的な効果として音声言語や他の非言語的コミュニケーション行動の増加や拡大が報告されている。先行研究でも、ＰＥＣＳによる訓練により、音声言語や他のさまざまな非言語的コミュニケーション行動の増加が報告されている。シュバルツは、ＡＳＤ児三一名の幼児にフェイズ一〜四までの訓練を行った結果、指導場面以外で自発話の増加やコミュニケーションの拡大が見られたと報告している。[26] シャーロップ＝ウリスティらによれば、ＰＥＣＳの訓練により、自発話と模倣発話が増加し、共同注意、アイコンタクトなどの非言語的コミュニケーション行動が増加したという[12]。いずれも一年以内の期間での効果であるが、Ａ児の事例では八歳以降七年間の長期にわたり、その効果が維持され増強されることが示された。ＰＥＣＳによる訓練は、単に欲しい物の要求行動の動機付けを高めるだけでなく、ヒトに関わろうとする社会的動機付けを高め、発話やアイコンタクト、指さし、社会的参照などの共同注意行動の発現につながる副次的な効果があると言えるかもしれない。

社会的認知の障碍と捉えるバロン＝コーエンの心の理論欠損仮説では、自閉症では心の理論やその前駆体としての共同注意のモジュール（生得的装置）が欠けているとされる。しかし、ＰＥＣＳの訓練により発話やアイコンタクトや共同注意などの非言語的コミュニケーションが増加することから、モジュールが欠けているというよりは、社会的情報への感度の低下から、モジュールの働きが不活性化される可能性も考えられ、その点では、自閉症の社会的動機づけ説を支持する結果と言えるかもしれない。

10　おわりに

本章では、まず、乳幼児期の社会的コミュニケーションの発達について、二項的対面コミュニケーションから生後九ヵ月頃における他者に視点取得、その後の共同注意の獲得から心の理論までを紹介した。さらに、社会的コミュニケーションの障碍としての自閉症について概説し、筆者が一三年間にわたり療育を行ってきた重度自閉症児の事例を通して、絵カードを用いたＰＥＣＳによる自発的コミュニケーション手段の獲得が、副次的にアイコンタクトや共同注意さらには音声言語による社会的コミュニケーションの獲得につながる可能性が示唆された。心の理論やその前駆体としての共同注意など社会的認知の能力は、大きな集団の中で高度に発達した複雑なコミュニケーションを行う人間には欠かせない能力であり、そうした能力の障碍が自閉症の中核にある。本章では、自閉症児の抱える困難さというレンズを通して、人間を科学的に理解する上での社会的認知の重要性が改めて認識されると共に、自閉症の社会的コミュニケーションの困難さが適切な介入により改善しうる可能性が示されたことは、自閉症が社会的認知の障碍かそれとも社会的動機づけの障碍かという、自閉症の発症メカニズムに関する問いに答える上でヒントを与えるものであると考える。

注　本章で紹介した事例については、予め保護者に内容を確認していただいた上で、掲載の承諾を得ている。

引用文献

（１）American Psychiatric Association.（二〇一四）.（高橋三郎・大野　裕（監訳）、染矢俊幸・神庭重信・尾崎紀夫・三村　將・村井俊哉（訳））『*DSM-5* 精神疾患の診断・統計マニュアル』医学書院（American Psychiatric Association.（2013）. *Diagnostic and statistical manual of mental disorders. DSM-5*（5th ed.）. American Psychiatric Association.）

（２）Baron-Cohen, S., Leslie, AM., Uta Frith（1985）. Does the autistic child have a 'Theory of Mind'. *Cognition*, 21, 37–46.

（３）Baron-Cohen, S.,（1989）. The autistic childs' theory of mind: A case of specific developmental delay. *Journal of Child Psychology and Psyciatry*. 30, 285–297.

（４）Baron-Cohen, S.（1995）. Mindblindness: An essay on autism and theory of mind. MIT Press.（サイモン・バロン＝コーエン（長野　敬・今野　義孝・長畑　正道訳）（一九九七）『自閉症とマインド・ブラインドネス』青土社　新装版（二〇〇二））

（５）Baron-Cohen, S., Cox, A., Baird, G., Swettenham, J., Nightingale, N., Morgan, K., Drew, A., Charman, T.（1996）. Psychological markers in the detection of autism in infancy in a large population. *British Journal of Psychiatry*, 168, 158–163

（６）Baron-Cohen, S.（2008）. Autism and Asperger Syndrome – the Facts.（サイモン・バロン＝コーエン（水野薫・鳥居深雪・岡田智訳）（二〇一一）.『自閉症スペクトラム入門　脳・心理から教育・治療までの最新知識』中央法規出版）

（７）Bondy, A. Frost, L.（2001）. The Picture Exchange Communication System. *Behavor Modification*, 25（5）: 725–

744.

（8） Burnside, K., Wright, K., Poulin-Dubois, D.（2017）. Social motivation and implicit theory of mind in children with autism spectrum disorder. *Autism Res.* 10（11）: 1834–1844. doi: 10.1002/aur.1836.

（9） Bushnell, I. W. R., Sai, F., Mullin, J. T.（1989）. Neonatal recognition of the mother's face. *British Journal of Developmental Psychology*, 7: 3–15.

（10） Carpenter, M., Nagell, K., Tomasello, M. 1998. Social cognition, joint attention

（11） CDC（2018）. *Autism Spectrum Disorder（ASD）: Data & Statistic.*（https://www.cdc.gov/ncbddd/autism/data.html）

（12） Charlop-Christy, M. H., Carpenter, M., Le, L., LeBlanc, L. A., and Kellet, K.（2002）. Using the picture exchange communication system（PECS）with children with autism: assessment of PECS acquisition, speech, social-communicative behavior, and problem behavior. *Jornal of Applied Behavior Analysis.* 35（3）: 213–231.

（13） Chevallier, C., Kohls, G., Troiani, V., Brodkin, E. S., and Schultz, R.T.（2012）. The Social Motivation Theory of Autism. *Trends in Cognitive Sciences.* 16（4）: 231–239. doi: 10.1016/j.tics.2012.02.007

（14） Farroni, T., Csibra, G., Simion, F., and Mark H. Johnson, M. H.（2002）. Eye contact detection in humans from birth. *PNAS.* 99（14）: 9602–9605.

（15） Goren, C. C. Sarty M, Wu PY.（1975）. Visual following and pattern discrimination of face-like stimuli by newborn infants. *Pediatrics.* 56（4）: 544–9.

（16） Happe, F.G.E.（1995）. The role of age and verbal ability in the theory of mind. *Child Development*, 66: 843–855.

（17） Johnson, M. H., Dziurawiec, S., Ellis, H., Morton, J.（1991）. Newborns' preferential tracking of face-like stimuli and its subsequent decline. *Cognition*. 40（1–2）: 1–19.

（18） Jones, W., & Klin, A.（2013）. Attention to eyes is present but in decline in 2-6-month-old infants later diagnosed with autism. Nature. 504: 427–31.

（19） Kawamura Y1, Takahashi O, Ishii T.（2008）. Reevaluating the incidence of pervasive developmental disorders: impact of elevated rates of detection through implementation of an integrated system of screening in Toyota, Japan. *Psychiatry Clin Neurosci.* ; 62（2）: 152–9. doi: 10.1111/j.1440-1819.2008.01748.x.

（20） Maurer, D.（1985）. Infants' perception of facedness. In T. N. Field & N. Fox（Eds.）, *Social perception in infants*（pp. 73–100）. Norwood, NJ: Ablex.

（21） Mundy, P., & Crowson, M.（1997）. Joint Attention and Early Social Communication; Implications for Research on Intervention with Autism. *Journal of Autism and Developmental Disorders*, 27（6）: 653–676.

（22） Ozonoff, S., Iosif, A., Baguio, F., Cook, I. C., Ph.D., Hill, M. M., Hutman, T., Rogers, S., Rozga, A., Sangha, S., Sigman, M., Steinfeld, M. B., and Young, G. S.（2010）. A Prospective Study of the Emergence of Early Behavioral Signs of Autism. *J Am Acad Child Adolesc Psychiatry.* 49（3）: 256–66.e1-2.

（23） Papousek, H. and Papousek, M.（1979）. Early ontogeny of human social interaction: Its biological roots and social dimensions. In M. von Cranach, K. Foppa, W. Lepenies, & D. Ploog（Eds.）, *Human ethology. Claims and limits of a new discipline*（pp. 456–478）. Cambridge, UK: Cambridge University Press.

（24） Premack, D. G., Woodruff, G.（1978）. Does the chimpanzee have a theory of mind?. *Behavioral and Brain Sciences.* 1（4）: 515–526.

（25） Robins, D., Fein, D., Barton, M., & Green, J.（2001）. The modified-checklist for autism in toddlers（M-CHAT）:

An initial investigation in the early detection of autism and pervasive developmental disorders. *Journal of Autism and Developmental Disorders.* 31（2）, 131–144.（日本語版M-CHAT　国立精神・神経センター精神保健研究所　https://www.ncnp.go.jp/nimh/jidou/aboutus/mchat-j.pdf）

（26）Schwartz, I. S., Garfinkle, A. N., & Bauer, J.（1998）. The Picture Exchange Communication System: Communicative outcomes for young children with disabilities. Topics in Early Cildhood Special Education. 18: 144–159.

（27）Tomasello, M.（1995）. Joint attention as social cognition. In C. Moore and P. Dunham,（eds.）*Joint attention: Its origins and role in development,* 103–130. Hillsdale., NJ: Erlbaum.（M・トマセロ「第6章　社会的認知としての共同注意」（大神英裕監訳）（一九九九）『ジョイント・アテンション　心の起源とその発達を探る』ナカニシヤ書店）

（28）Tomasello, M.（1999）. The Cultural Origins of Human Cognition. Harvard University Press.（M・トマセロ（大堀壽夫・中澤恒子・西村義樹・本多啓訳）（二〇〇六）『心とことばの起源を探る――文化と認知』勁草書房）

（29）Trevarthen, C., & Aitken, K. J.（2001）. Infant Intersubjectivity : Research , Theory , and Clinical Applications. *Journal of Child Psychology and Psychiatry,* 42（1）: 3–48.

参考図書

- **サイモン・バロン＝コーエン（二〇〇二）（長野 敬・今野 義孝・長畑 正道訳）『自閉症とマインド・ブラインドネス』青土社**

マインド・ブラインドネスとは「心が見えない」あるいは「心が読めない」状態をさし、「心の理論」の欠如を意味する。筆者は、自閉症の中核に心の理論やその前駆体としての共同注意のモジュールが欠けていると考える。

- **サイモン・バロン＝コーエン（二〇一一）（水野薫・鳥居深雪・岡田智訳）『自閉症スペクトラム入門　脳・心理から教育・治療までの最新知識』中央法規出版**

自閉症スペクトラム（ASD）の入門書として最適。スペクトラムとしてのASDの特徴や測定、診断にいたるまで問題点を含めて簡潔に記されている。ASDの特徴を説明する五つの心理学的仮説、生物学的側面、介入法の紹介がある。

- **M・トマセロ（二〇〇六）（大堀壽夫・中澤恒子・西村義樹・本多啓訳）『心とことばの起源を探る――文化と認知』勁草書房**

ヒトの認知・行動の遺伝や文化的継承を含めて、文字通り心とことばの起源を探る読み応えのある好著であり、特に第三章の「共同注意と文化学習」に九ヵ月革命前後の物体、他者、自己の理解や共同注意について説明がある。

第2章　ジェンダーを学ぶ
――性別子育てのカリキュラム

木村　涼子

1　はじめに

身近に赤ちゃんが生まれた場面を想像してみよう。実際に経験がある人はその時のことを思い出してほしい。周囲の人々はお祝いとともに、まずこんなことを口にしないだろうか。

「赤ちゃんは女の子？　男の子？」。

わたしたちは新たな生命の誕生に際して、子どもの性別を知りたがる。性別は、わたしたちの生活を秩序立てる基柱の一つだ。

すべての人々を性別で二分し、両者の対比や序列といった関係性を既定する社会的・文化的な秩序を、生物学的性別のセックス（sex）と区別して、ジェンダー（gender）と呼ぶ。ジェンダーは、人間の発達過程ならびに人間の意識や行動について科学的に考察する際に必須の視点である。本章では、日常生活の中の学びとジェンダーによる社会的・文化的な秩序（gender order）との関係を取り上げる。

ジェンダー秩序は、生活の全領域に浸透し、日常的には意識されないレベルで作用することも多い。例えば、「男女」といった、男性を先に女性を後にする言葉のあり方は、日本語の常識的な用法であるが、なぜ「女男」ではいけないのかを考えてみたことがある人は少ないだろう。本章には、〈ジェンダーを学ぶ〉ことを考えるという本来の目的に加えて、文章中に男性と女性の順番をあえてランダムにすることで、「当たり前」とされている文化を意識化する試みを含めている。性別についてのランダムな言葉遣いにどのような感覚を抱くのか、本章に組み込まれた一種の実験にぜひ参加していただきたい。

2　「女／男に生まれる」のではなく「女／男になる」？

男性が女性より経済力や社会的地位が高いことも、期待される役割が女男で異なることも、すべて生まれながらの性差が原因だとみなす考え方を、生物学的決定論（もしくは生物学的還元論）と呼ぶ。生物学的決定論は、男女間に存在する格差、男性／女性ゆえに受ける抑圧や（広義の）暴力を、男性／女性として生まれた運命と捉える。例えば、女性が子どもを産み育てることを第一に期待されたり、性的なものを含めて暴力の被害者になりがちなこと、男性が妻子を養う責任を負ったり、いざとなれば戦場に真っ先にいかねばならないこと、それらは運命だから、個々人はその運命に逆らうことはできない。わたしたちの歴史をふり返ると、そうした生物学的決定論は、高等教育や議会政治からの女性の排除といった、あからさまな差別をも正当化する機能を果たしてきた[8]。

ジェンダーとは、そうした生物学的決定論を相対化する文脈で誕生した概念である。女らしさ・男らしさや性別役割は、生物学的（身体的）差異に依拠、あるいは、それらを参照しつつも、そこからある程度独立した次元で構成されている。それは、少し視野を広げて考えるとよくわかる。性別の「らしさ」観や役割、女男の関係性は、国や地域によって違いがみられ、歴史的にも変化している。わたしたちは「いま・ここ」という特定の社会に埋め込まれたジェンダーに関する約束事を解読し、それらを受け入れたり拒否したりしながら、「男性／女性」として社会化（gender socialization）の過程を経験するのである。

近年は、生物学的な男女の二分法も、「科学」の名の下に社会的・文化的に構築されてきた側面があることが指摘されている[1]。「女」と「男」という身体の二分法もまたジェンダーであるとみなすことが可能なのだ[5]。現代の生物学は、人類の身体は単純に「女／男」に二分できるわけではなく、生殖器／染色体／ホルモンなどさまざまなレベルにおいて、またその組み合わせで、かなりの多様性があることを明らかにしている。自分の性別に違和感をおぼえる（性別違和あるいは性同一性障害と呼ばれる）人々のことが認識され、性別に関するアイデンティティ（gender identity）は身体によって直接的に決定されるものでも、固定されたものでもないことへの理解が深まりつつある。

また、雌雄異体の生物である人間にとって異性愛は自明かつ当然だと考えられてきたが、セクシュアリティについても指向性は多様である。異性愛以外のセクシュアリティのあり方も、かつての「病理」としての捉え方ではなく、肯定的な方向で社会的認知を高めてきている。(9)

以上のようなジェンダーとセクシュアリティの多様性を示す言葉として、「性のグラデーション」という言葉があるが、教育現場でも子どもたち一人一人への理解と人権の尊重という観点からよく使われるようになっている。

生物学的決定論が人々を無力感にいざなうのに対して、ジェンダー概念の導入は、個人の自由や選択の幅を広げ、社会のあり方を変えることは可能だという、積極的な観点をもたらす。

3　ジェンダーを学ぶための「社会のカリキュラム」

冒頭でみたように、誕生の瞬間から、場合によっては胎児の段階から、子どもは男女で区別されて育つ。生活のさまざまな場面で、意識的あるいは特別には意図しないまま、性別によって異なる子育てがスタートする。子どもたちに届けられるメッセージの束、すなわち「女／男として」の行動規範や価値観の体系を、「社会のカリキュラム（societal curriculum）[3]」と考えてみよう。「社会のカリキュラム」とは、家族・近隣コミュニティ・仲間集団・マスメディアなどによって構築される、インフォーマルなカリキュラムを意味する。この概念を定義したコルテスは、その名称に social ではなく societal を使うことで、特定の社会全体を満たす意味をもたせている。わたしたちは、学校教育のカリキュラムのみならず、日常生活のすみずみに浸透する「社会のカリキュラム」の中をくぐり抜けて成長する。

ジェンダーに関する「社会のカリキュラム」の例として、まずは、名前をとりあげよう。名前は個人を特定するアイデンティティの核となるものであり、親や周囲からの願いや期待がこめられることが多い。二一世紀の今も、「男の子の名前」と「女の子の名前」を区別する意識は強い。毎年、各種調査によって子どもの名前ランキングが発表されているが、時代による変化があるものの、性別で異なる傾向は一貫してみられる。ちなみに二〇一八年に生まれた子どもの名前調査で男女別ランキングをみると、男の子の名前には「大」・「悠」や「翔」など空間的広がりや上昇を連想させる漢字が使われ、女の子の場合は「結」というつながりや相互関係を連想させる漢字に人気がある。また、「菜」「杏」「さくら」など彩りのある植物関係の漢字が多いなど、女男それぞれの特徴がみてとれる（表2-1）。

表2-1　人気のある名前（明治安田生命2018年調査、男女19,277人分）

男の子	①蓮　②湊　③大翔　④大和　⑤陽翔　⑥悠真
女の子	①結月　②結愛　③結菜　④杏　⑤さくら、凛

もちろん名前だけではない。親をはじめ周囲の大人は、子どもたちに服装や持ち物、おもちゃや絵本などを与える場合、性別によるふさわしさを意識している事が多い。一見男女としての身体的特徴がまだみられない幼児段階ですでに、髪型、髪飾りや帽子、服の色や模様、スカートをはくかどうかなど、子どもたちは性別を暗示する記号を多く身につけている。

大人自身気がついていない、ジェンダーに関わる「社会のカリキュラム」は数多い。性別に関わりなく平等に、それぞれの子どもの個性をみて判断していると思っている場合も、意識の中に根をはった性別のステレオタイプが作用していることがある。そうした無意識のバイアスを明らかにするものとして、発達心理学で「ベビーX」という有名な実験がある。実験は、同一の赤ちゃん（ベビーX、性別は不問）に対して、ベビー服の色や仮名など性別を推測するヒントを与えることで、大人がもつ印象や扱い方がどのように変わるのかを観察する実験である。この実験はこれまで複数の研究者によってバリエーションを変えて行われているが、実験参加者の大人たちは、子育て経験の有無にかかわりなく、推測される赤ちゃんの性別ラベルに影響されがちであることが繰り返し確認されている。

赤ちゃんがびっくり箱に驚いて泣き出す様子をみせられた実験参加者たちは、その子を「女の子」と認知している場合には「怖がっている」と判断し、「男の子」と認知している場合には「怒っている」と判断する。「女の子」として提示されると「おとなしい」、「男の子」として提示されると「元気いっぱい」と評価する。子どもの性格や状態に対する判断が性別ラベルによって異なる結果、乳児の段階から子育て行動も性別ラベルによって分かれていくことを、「ベビーX」実験は示唆している。[2]

子どもが自分の好み・希望やパーソナリティの特徴を明確にし始めると、それらが性別にふさわしいと判断される場合には「やはり女の子／男の子だね」と、周囲はその傾向を促進する言葉かけをする。逆に性別にふさわしくない時には、「男の子／女の子のくせに」「男の子／女の子なんだから～しなさい」など、子どもの言動や考えを否定し、その傾向を抑制する対応をしがちだ。これは一種の賞罰システムである。しつけはもちろん、しつけとして特に意識していない場合も、賞罰システムを通じて、子どもたちは周囲が示唆する「らしさ」のルールに気づく。ルールにはずれたことをして、身近な大人にも不快な思いをさせたくない、自分も否定されたくないと思えば、子どもはルールを受け入れていく。

大人から子どもへの日々のささやかな関わりの積み重ねが、既存のジェンダー秩序への適合を促すカリキュラムとなる可能性、その影響力は想像以上に大きいのかも知れない。

4　性別子育て本の隆盛：ジェンダーに関わる「社会のカリキュラム」の顕在化

以上、駆け足であるが、ジェンダーに関わる「社会のカリキュラム」をみてきた。これらは、目的を持った体系だったものとして明示されているわけでも、法律でさだめられているわけでもない。

学校教育のカリキュラムの場合、顕在的でフォーマルなものと、潜在的でインフォーマルなものがあるとされる。前者には、日本社会でいえば学習指導要領とそれにもとづいた教科書や時間割が該当する。後者には、日常の教育実践の中で、「遅刻してはいけない」「先生のいうことには従わねばならない」といった、社会的にのぞましい規範やふるまい方などが教えられていることを指す。後者のようなタイプのカリキュラムは、教育社会学研究の中で「かくれたカリキュラム（hidden curriculum）[4]」とも呼ばれ、みえにくく意識化されがたいにもかかわらず（いやむしろそうであるからこそ）、子どもを社会に適応させるために重要な機能を果たしていると注目されてきた。本章では触れなかったが、学校における「かくれたカリキュラム」が、教室内をはじめとして、行事運営や生徒指導・進路指導などあらゆる場面で、多彩な技法によって児童・生徒に伝達され、結果として女男を異なる方向性に導く機能を果たしていることについては、種々の研究が蓄積されている[7]。

三節でみてきた「社会のカリキュラム」は、どこかに明文化されているわけではなく、「常識」や経験知として人々に共有されているのみという意味で、日常生活における「かくれたカリキュラム」と言ってもよいだろう。

しかし、近年、性別の子育て方法をできるだけ体系だった知識として明示しようとする動きがある。「男の子の育て方」「女の子の育て方」「男の子と女の子の育て分け方」を銘打った一般図書の刊行が非常に活発になっているのだ。

公共図書館（国会図書館含む）の蔵書や新刊および古書の書籍通販サイトおよび各出版社ホームページなどを丹念に検索し、タイトルに「女の子」「男の子」を含むことを指標として性別子育てに関する本を一九五〇年代以降現在までリストアップした結果が以下の図2-1である（見落としは無いように探査した結果であるが、筆者個人による作業であるため完全とはいえないことをおことわりしておく）。この結果をみると、戦後しばらくはそうした単行本は発刊されておらず、一九七〇年代にはじめて該当書が登場、徐々に増加し、二〇〇〇年以降急増していることがわかる。一〇年間刻みでグラフ化しているが、二〇〇一年から二〇一八年まではまだ一〇年間に満たないにもかかわらず、過去にないほど爆発的に増加していることは注視すべき現象だろう。

これらの本は、「女と男は生まれつき違う。だから、別の育て方がのぞましい」という認識枠組みでつくられている。潜在的で「かくれた」ものであった、ジェンダーに関する「社会のカリキュラム」が、まさに顕在的なカリキュラムとして輪郭をあらわそうとしている。

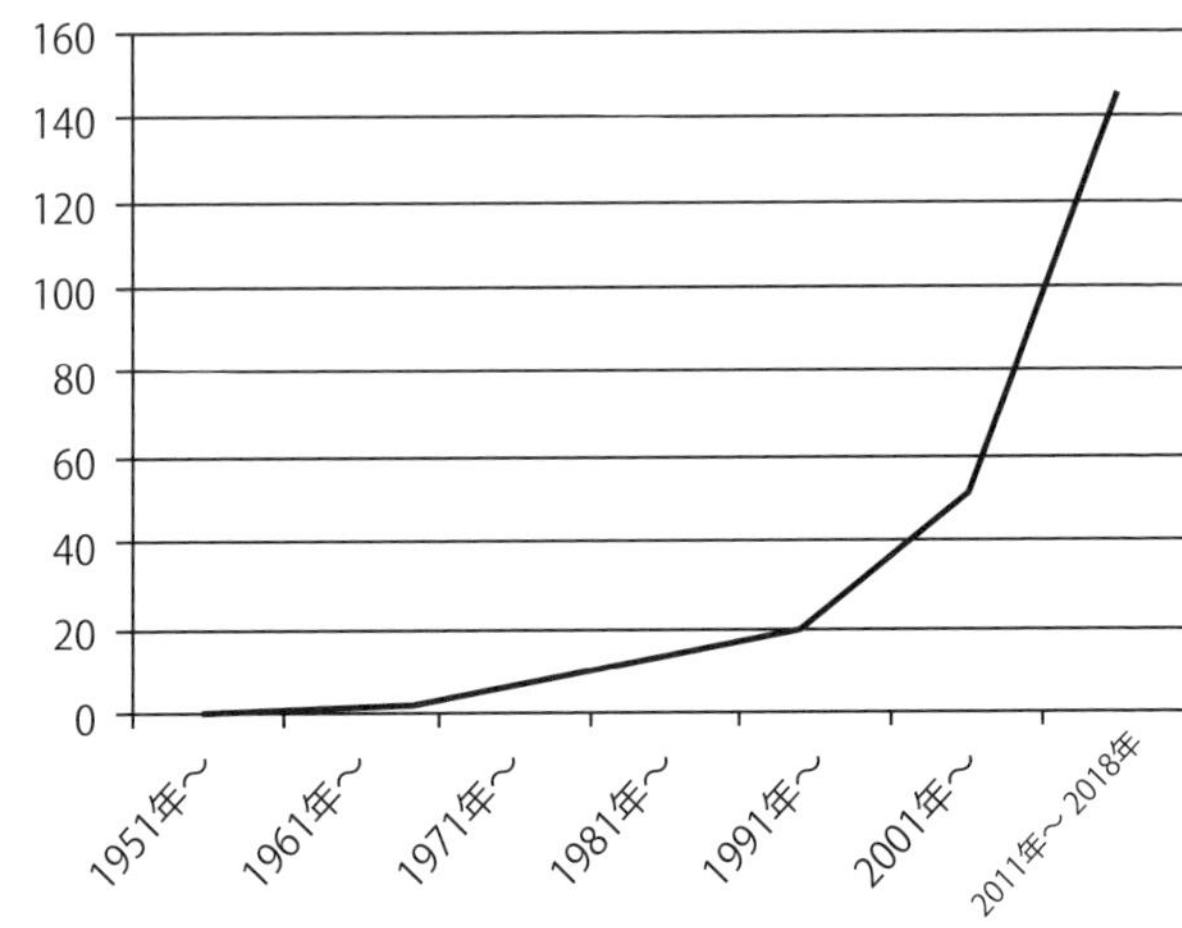

図2-1　「性別子育て本」発行数の推移
（出版社 HP・図書館蔵書情報等により筆者作成）

5　顕在的カリキュラムとしての性別子育て本の世界

近年増加している性別子育て本はどのような特徴をもっているのだろうか。リストアップした全二三七冊の性別子育て本のうち、「男の子の育て方」を扱ったものが一六二冊（約六八％）、「女の子の育て方」が六〇冊（約二五％）、「男の子」「女の子」を対比させ両方の育て方を扱ったものが一五冊（約六％）であり、男児に着目したものが圧倒的に多い。

実は、近年の増加傾向も「男の子」ものが数を押し上げた結果だ。「女の子の育て方」本も八〇年代から一〇年刻みで四冊→一四冊→九冊→三〇冊と確かに増えているが、「男の子の育て方」本は三冊→八冊→六冊→三四冊→一二一冊と、二〇一〇年以降の急増には目を見張らされる。

表 2-2　性別子育てに関する一般書タイトルの特徴
（1945 ～ 1970 年代以前は該当図書なし）

<本のタイトルにみるキーワード>						
発行年代( )内は冊数	タイトルに明記された子どもの性別( )内は冊数	親の生別		脳に言及	子育てのキーワード　＊言葉の後の( )内数字は出現数	
		母親(ママ等含)	父親(パパ等含)		育て方:「育てる」以外の表現	目標、目指すもの
1971～1980(6)	男の子 (3)	0	0	0	鍛えろ、躾け方、つくる	たくましい、敗けない
	女の子 (3)	0	0	0		愛、自立、のびやかな
	男女両方 (0)	0	0	0		
1981～1990(14)	男の子 (8)	0	2	0	鍛え方、つくる	強い、へこたれない、耐える力、積極性、いいオトコ
	女の子 (4)	1	0	0		
	男女両方 (2)	1	0	0		
1991～2000(21)	男の子 (6)	1		0		
	女の子 (14)	4	1	0	躾け方、しつけ、すくすく育つ	心美しい、気高く、優しい(2)、清らかに、花のある(2)、強く、聡明な、レディ、自分を愛せる、自立
	男女両方 (1)	1		0		
2001～2010(52)	男の子 (34)	11	1	1	伸ばす(4)、ぐんぐん伸びる(2)、しっかり伸びる、躾け方	強い、たくましい、しっかりした、自立（力）(2)、自信、武士道、やる気になる、一歩踏み出す力、賢く、学力、仕事力、結婚力（結婚できる）(2)、品格ある
	女の子 (9)	2	0	0	伸ばす、躾け方、ぐんぐん伸びる	幸せ(2)、幸福力(2)、愛され力＋自立力=幸福力、輝く
	男女両方 (9)	2	0	2	上手に伸ばす、伸ばす、しつけ方、のびのび育てる、ぐんぐん伸びる	
2011～2018(144)	男の子 (111)	41	2	4	伸びる(2)、ぐんぐん伸ばす、ぐんぐん伸びる(6)、伸ばし方(4)、伸ばす(10)、しつけ	弱く（ない）、強い、心の強い(2)、力強く、前向きになる、未来を切りひらく、たくましい(2)、打たれ強くなる、くじけない(2)、主体性のある(2)、やる気(3)、意欲、積極的、生きる力、自立(心)(4)、将来の伸びしろ、学力(3)、東大理Ⅲ(4)、男子御三家、成功(2)、夢をかなえる、一流、才能、稼ぐ男、メシが食える
	女の子 (30)	8	1	1	ぐんぐん伸びる、伸ばし方(2)、伸ばす(3)	幸せ(8)、学力(5)、女子御三家、優しい、賢い、愛され、輝く(2)、自己肯定感
	男女両方 (3)	0	0	1	伸びる、伸ばす	

これらの本のタイトルに注目して、キーワードを拾い上げた結果を整理したものが表2-2である。子育ての主体としてだれが呼びかけられているのか（父親なのか母親なのか）、脳の性差に言及があるか、動詞部分について「育てる」以外の表現、そして性別子育ての目標を示すキーワードを抜き出している。例えば、『「たくましい男の子」を育てる母親講座』（正司昌子、二〇一一、PHP研究所）というタイトルは、対象は「男の子」、子育ての主体は「母親」、目標が「たくましい」とカウント、『幸せな女の子の育て方』（和田秀樹、二〇一二、学研パブリッシング）は、対象は「女

の子」、目標は「幸せ」とカウントしている。ここでは、タイトルを中心にみていくが、入手できたものについては本文内容も確認、参照している。

この表を基に、性別子育て本が増えた二〇〇〇年以降について、それらが描く世界（カリキュラム）を概観しよう。前述したように、子育ての対象として焦点化されるのは「男の子」が非常に多い。そしてそれを担うのは母親である。母親をターゲットとした男の子の子育て本が多い理由は、子育ての中心は母親である、母にとって異性である男の子のことは理解しにくいはずといった前提ゆえと考えられる。前書きなどで、子育てを担うのは母親だが、女性にはわからない「男の子」のことを、男性著者が「教えてあげよう」といったスタンスが提示されることが多い。また昨今、いじめ、ひきこもり、非正規雇用や非婚の増加などが、男の子／若い男性が直面する「社会問題」として注目される状況を背景に、親の危機意識を消費ニーズに位置づけていると考えられる。

動詞にみられる特徴は、二〇世紀には散見された「鍛える」「躾ける」といった「上からの教育」を連想させる言葉よりも、「伸ばす」「伸びる」といった子ども主体の成長をサポートする印象の言葉が非常に増える。

子育て目標を示すキーワードをみてみると、男女共通に使用される言葉は、「学力」「東大」「御三家」など高い学業達成に関するものであるが、それ以上に、性別によって異なる傾向の方が目立っている。

男の子に多いのは、「強い」「たくましい」「打たれ強い」「くじけない」など強靭さ、「やる気」「前向き」「意欲」「主体性」など積極的な姿勢、「成功」「一流」などの上昇志向、さらに「仕事」「メシが食える」「稼ぐ」「結婚（できる）」など社会人としての役割期待を示す言葉群である。対して、女の子の場合に目を引くのは、「幸せ」というキーワードが頻出することだ。「愛する」「愛される」という言葉は、七〇年代から女の子にのみ使われる。「幸せ」や「愛」は、時代を通じて、また膨大な数を誇る二〇一〇年代にも、男の子向け子育て本のタイトルには一切出てこない言葉なのである。

性別子育て本は、「男の子」バージョンと「女の子」バージョンでペアになって刊行されていることも多い。ほとんどの場合「男の子」バージョンを先に出し、売れ行きがよければ、「女の子」バージョンを出版する流れになっている。ペアになっている図書のタイトルをくらべると、女の子用のカリキュラムと男の子用のカリキュラムの対比が容易に把握できる。『男の子の育て方子どもの潜在意識にこっそり〝成功の種〟をまく方法』（中野日出美、二〇一七、大和出版）の女の子版は、〝成功の種〟が〝幸せの種〟へ、『男の子が力強く育つママの習慣』（清水克彦、二〇一六、PHP研究所）の女の子版は「力強く」が「幸せ」へ、『男の子の育て方「結婚力」「学力」「仕事力」』（諸富祥彦、二〇〇九、WAVE出版）の女の子版は三つの力が〈「愛され力」＋「自立力」＝「幸福力」〉という形へ、それぞれ変化する。

これだけたくさんの子育て本の中にはステレオタイプに囚われない女性像・男性像を掲げる

ものも少数ながら存在するものの、多くの場合、女性には愛や幸せを、男性には強さや成功（そしてそのためにも「結婚」が必要）をという、やや古めかしい二分法があらためて強調されていることがよくわかる。

女の子には強さも成功ももとめられず、男の子のようには励まされない。そこには女の子の意欲が過剰にならないよう、クーリングダウン（冷却）させる作用がみてとれる。そして、男の子向けに乱発される「くじけない」「やる気」などのキーワードは、「やればできるはずだ」「くじけるな」とウォームアップ（加熱）され続けることによって、男の子がどれほど抑圧されているかとの懸念を誘う。

人気を呼んで次々と類似の子育て本をシリーズ化した著者として松永暢史（のぶふみ）が有名であるが、彼の最初のベストセラーは『男の子を伸ばす母親は、ここが違う！』（二〇〇六、扶桑社）である。松永は「オチンチン力」というインパクトのある造語を提示し、男の子ならではの特徴を大事にしてスポイルしないようにしようと説き、多くの読者を獲得した。そこで展開される論理は、生まれながらの性差が重要だという、かつて支配的であった生物学的決定論を基盤としている。

タイトルにも「女子脳」「男子脳」などの言葉がでてくる場合があるが、本文をみるとタイトルに謳っていない場合も、かなりの割合で脳の性差論がひきあいにだされている。性別に応じたカリキュラムの正当性を高めるために、「最先端」の脳科学が引用されることが多い。読者に対する説得力が増すのだろう。だが、脳科学で判明していることはいまだ断片の積み重ねに過ぎず、現実世界の女男の能力・パフォーマンスに直接的に結びつけて論じることには無理があると警鐘を鳴らす研究者も多い(6)。

6　おわりに

最後に、なにゆえ、ジェンダーに関わる「社会のカリキュラム」が、性別子育て本の形で体系だった知識として明文化される動きが生じているのかを考えよう。

少子化を背景に、若い親世代にとっての「子育て」は、経済資本のみならず情緒的なエネルギーや労働力を注ぐライフ・イベントとしての重要度を増している。「正しい」子育てをしなければ、あなたの子どもは「負け組」になる、という強迫的なメッセージも含めて、子育て本は購入欲求を掻き立てる。「正しい」子育てを追い求める際、子どもの性別が浮上する。性差への注目は、適切かつ効率的な「正しい」子育てへの道をひらいてくれる。脳の性差論は、一世帯内で一人か二人と限られた数になっている「愛児」がもつ潜在能力を最大限開発することに対する保護者の関心の高まりと関係していると考えられる。

男の子の子育ての方が重視されるのは、単に旧弊な「男尊女卑」的考え方からだけでなく、前述したように、いじめ、若年雇用の不安定化、暴力的な事件、ひきこもりなど、男性青少年をめぐる諸問題への危機意識が、保護者世代に高まっているからだろう。そうした問題を乗り越えるために男の子の「生来的な特質」を強調する風潮は、「男子問題」なるものが社会的な現象であることを不可視化する。一方、女の子の育て方に関して「幸せ」や「愛」といった主観や親密な人間関係にスポットライトをあてることもまた、女性が直面する社会的課題を見誤らせる危険性がある。

今後、性別の子育て論の隆盛はどのような道を辿っていくのか。ジェンダーの視点からの教育現象の解読は今後も必要とされている。

さて、「はじめに」で予告したように、本章では言葉として男性と女性の順番をランダムに入れ替える試みを織り込んできたが、いかがだっただろうか。統一感がなく、「イライラ」を感じた方もおられるだろう。女性を先にするという形で統一した場合、〈ジェンダーの話だから女性が中心〉と思われる可能性があったため、あえてランダムにした。ここで意識していただければと考えたのは、男性が先になる言葉遣いがすでに当たり前すぎて、一種の「自然」を感じさせることだ。別の可能性が閉ざされていても気づかない。これも、ジェンダーに関わる「社会のカリキュラム」の一例なのである。

引用文献

（1）アン・ファウスト・スターリング（一九九〇）．（池上千寿子・根岸悦子訳）『ジェンダーの神話「性差の科学」の偏見とトリック』工作舎

（2）青野篤子・森永康子・土肥伊都子（二〇〇四）．『ジェンダーの心理学――「男女の思いこみ」を科学する〔改訂版〕』ミネルヴァ書房

（3）Cortés, C. E.（1979）. The societal curriculum and the school curriculum: allies or antagonists?. *Educational Leadership*, 36（7）, 475-479.

（4）Jackson, P.（1968）. *Life in Classroom.* Holt, Rinehart and Winston.

（5）ジュディス・バトラー（一九九九）．（竹村和子訳）『ジェンダー・トラブル：フェミニズムとアイデンティティの攪乱』青土社

（6）カプラン，P．J．・カプラン，J．B．（二〇一〇）．（森永康子訳）『認知や行動に性差はあるのか　科学的研究を批判的に読み解く』北大路書房

（7）木村涼子編（二〇〇九）．『ジェンダーと教育』日本図書センター

（8）木村涼子（二〇一〇）．ジェンダーと教育の歴史．苅谷剛彦・濱名陽子・木村涼子・酒井朗（編）『新版　教育の社会学：〈常識〉の問い方、見直し方』有斐閣

（9）ヴァネッサ・ベアード（二〇〇五）．（町口哲生訳）『性的マイノリティの基礎知識』作品社

参考図書

- **青野篤子・森永康子・土肥伊都子（二〇〇四）『ジェンダーの心理学――「男女の思いこみ」を科学する〔改訂版〕』ミネルヴァ書房**

  教育学や社会学にも大きな影響を与える心理学分野において、ジェンダーの視点からの研究が近年めざましく発展している。本書はそうした研究動向を知るに最適な入門書の一つである。

- **木村涼子（一九九九）『学校文化とジェンダー』勁草書房**

  男女平等の原則に貫かれているはずの学校教育の内部で、「女の子」と「男の子」を異なる方向へ水路づける慣習や構造があることを実証的に明らかにしようとした研究。少女小説など、「女の子」に焦点を当てたマスメディア研究も含む。

- **レイチェル・ギーザ（二〇一九）『ボーイズ　男の子はなぜ「男らしく」育つのか』DU BOOKS**

  本書はジェンダーと教育に関する研究の中でも、特に「男の子」に注目したもの。「男の子」が育つ過程を解き明かすとともに、「男の子」の「学力不振」問題やホモフォビア、スポーツやゲームなど、現代の「男の子」をめぐる現象を考察する。

第3章　経験から学ぶ脳
――学習と記憶の神経科学

篠原　恵介

1　はじめに

私たちは、過去の経験から学んだ知識や技能を参照することで後の行動を決定づけている。しかし、経験したことの多くは、時間が経つと忘れてしまう。私たちが学んだことを覚えたり、忘れてしまったりする際には、脳・神経系にどのような変化が生じているのだろうか。本章では、学習や記憶の背景にある神経科学（脳科学）的基盤の一端について紹介する。

心理学の分野では、学習は「経験による比較的永続的な行動の変化」として定義される[19]。学校など教育場面での学びに限定されず、経験によって新しい行動を身につけることはすべて学習として扱われる。「経験による」とあるので、身体の発達や成熟による変化とは区別される。

また、「比較的永続的」とあるので、疲労や薬物摂取による急性的な変化とも区別される。

学習は、行動の変化や成績に直接表れるものだけとは限らない。トールマンらは一九三〇年、ヒト以外の動物（ラット）において行動の遂行に直接現れない学習が起こりうることを示し、潜在学習として報告した。[17] この実験では、空腹のラットに複雑な迷路を通り抜けさせる訓練が一日につき一試行で数日間に渡って実施された。その際、目標にたどり着いても報酬（餌）を与えなかった。結果として、毎日の訓練でのエラー数（袋小路に入る回数）はほとんど減少しなかった。この結果からわかることは、ラットは報酬が得られなければ出発点から目標までの経路を学習しないということである。しかし、その後、目標到達後に報酬が得られる条件で訓練すると、わずか数試行でエラー数は激減し、はじめから報酬を与えられて訓練されたラットに匹敵するほどの成績を示した。しかし、この数試行でラットが急激に学習したとは考えにくい。ラットは報酬のない訓練の間も迷路に関する情報を確かに学習しており、報酬が得られるようになった時、それまでに学習したことを参照して行動として表現するようになったと解釈できる。このような場面で生じる動物の行動上の変化を説明するためには、記憶という概念にもとづいた推論が必要となる。

記憶は、その持続時間によって短期記憶と長期記憶に分類される。これらをわける境界は研究分野によって異なるが、本章では持続時間が数十秒から数分間程度までの記憶を短期記憶、それ以上長い時間持続する記憶を長期記憶とする分類に従う。後述するように、短期記憶と長

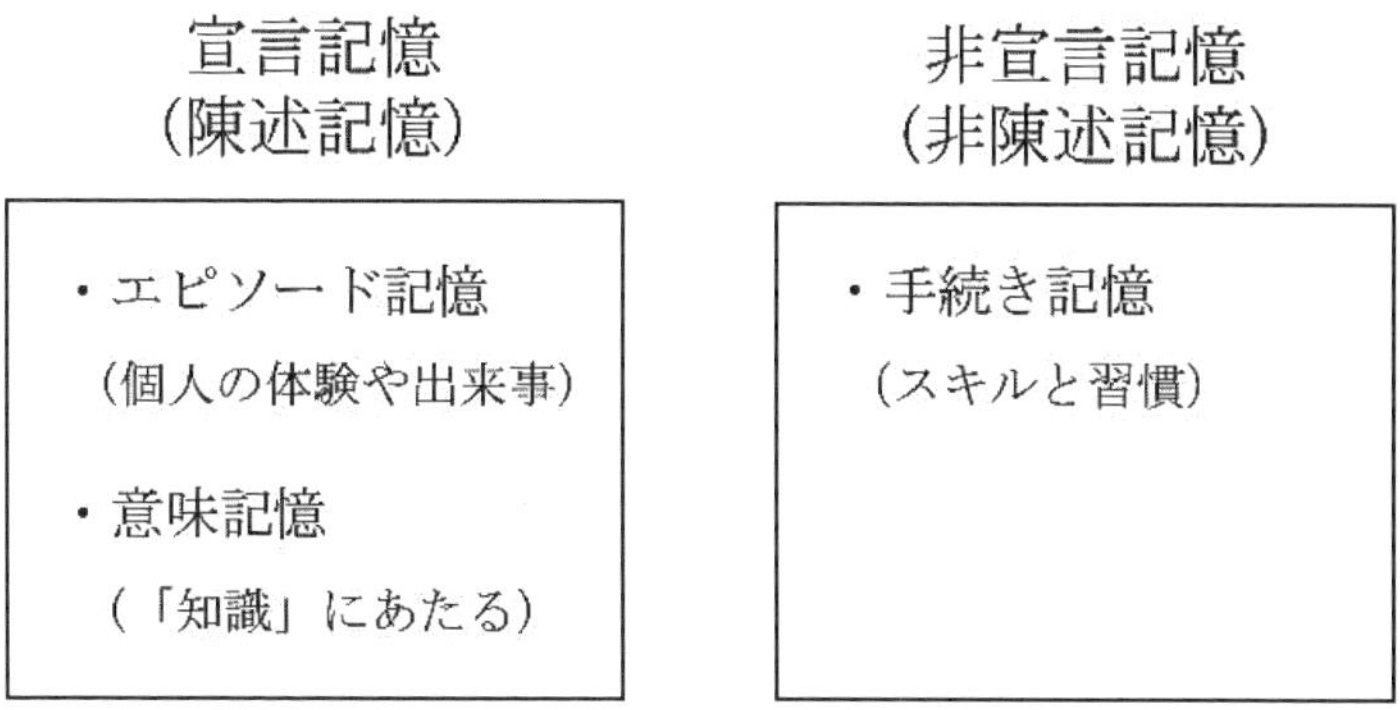

宣言記憶 （陳述記憶）	非宣言記憶 （非陳述記憶）
・エピソード記憶 （個人の体験や出来事） ・意味記憶 （「知識」にあたる）	・手続き記憶 （スキルと習慣）

図3-1　宣言記憶と非宣言記憶

期記憶はそれぞれ異なる神経科学的基盤によって支えられている。

長期記憶はまた、記憶内容によっても分類される。スクワイアによる分類[16]では、宣言記憶と非宣言記憶（それぞれ、陳述記憶、非陳述記憶ともよばれる）に大別される（図3-1）。宣言記憶は記憶内容を言語によって表出できる記憶であり、さらにエピソード記憶と意味記憶の二種類に分類される。エピソード記憶はいつどこで何をしたという個人の体験や出来事に関する記憶である。一方、出来事とは独立した、より抽象的な事実や法則についての記憶は意味記憶として分類される。日常語の「知識」に当たると言える。「記憶」と言えばエピソード記憶のみを示すことが多いであろう。

非宣言記憶は記憶内容を言語化できない記憶であり、意識的な想起を伴わないという特徴を持っている。手続き記憶（運動学習）は技能に関する記憶であり、非宣言記憶に含まれる。技能と言っても、難しいことに限定されない。自転車の乗り方や箸の使い方のように、行動を実行するための方法に関する記憶が手続き記憶である。この本のページをめくって読み進められるのも、手続き記憶を形成しているからこそ実行できる。この記憶にもとづく行動が実行されるときには過去に獲得した経験を利用していると自覚することは少ない。

このように、記憶には性質の異なる何種類もの記憶が存在する。種類の異なる記憶はそれぞれ脳の異なる領域の機能に支えられていることがわかっている。学習・記憶と脳機能との関係が知られるようになったきっかけは、不幸にも事故や病気によって脳内の特定の領域に障害を受けた患者に関する報告である。次節では、その最初の症例である患者H・Mに関する報告[2]について紹介する。

２　脳切除によって記憶が失われた患者の例

一九五三年、長年てんかん発作に苦しんでいたH・Mは、二七歳の時にその原因とされた両側の内側側頭葉という脳領域を切除する手術を受けた。手術によって、てんかん発作は著しく軽減された。しかし、その代償は大きく、彼は新しいことを覚えられなくなった。毎日病室に来る医者を認識できず、いつも初めて会ったかのように自己紹介を繰り返すようになった。また、病院内のトイレへの行き方もわからず迷うようになった。さらに年月が過ぎると、加齢で変化していく自分の容姿の記憶がないため、手術以降に撮影した写真に写った自分の姿を認識できなくなった。ただし、Ｈ・Ｍの障害は記憶に限定されていた。知能指数（ＩＱ）、知覚、および、運動能力は、健常者と同程度であった。この症例により、記憶という認知機能が知覚や言語などの他の認知機能とは独立した機能であることが示唆された。

Ｈ・Ｍが記憶を保持できる限界は数十秒から数分間程度とされる。検査に集中している間は与えられた情報を覚えておくことができたが、注意が別の方向に向くと、それまで行っていた作業のことを忘れてしまう。つまり、Ｈ・Ｍは短期記憶を形成できるが、長期記憶として保持しておくことができなかった。このことは、短期記憶と長期記憶がそれぞれ異なる脳領域の機能によって支えられることを示唆している。左側の大脳皮質が損傷された患者Ｋ・ＦではＨ・Ｍと対照的に、短期記憶に著しい障害が認められたが、新しい長期記憶は形成できた。このことから、短期記憶の処理は大脳皮質内で実行され、内側側頭葉の機能によって長期記憶となることが示唆される。

手術や事故による外傷に起因して病理的に引き起こされる記憶障害は健忘とよばれる。健忘は、失われた記憶内容が外傷の起きた時点よりも前か後かによって前向性健忘と逆向性健忘に分類される。手術後に新しく起きた出来事を覚えられないＨ・Ｍは、重篤な前向性健忘を示していたと言える。一方、Ｈ・Ｍは逆向性健忘も示しており、手術から直近の数年間に起きた出来事を思い出すことはできなかった。ただし、H・Mの逆向性健忘は限定的であり、少年時代に経験した出来事は鮮明に思い出すことができた。このことは、内側側頭葉が長期記憶を最終的に保持しておく部位ではないことを示唆している。

また、H・Mはすべての種類の長期記憶を失ったわけではなかった。新たな運動技能を獲得し、それを長期的に保持することは可能であった。このことは、鏡映描写とよばれる、二重線で描かれた図形の線と線との間を外側に出ないように鉛筆でなぞる課題で示された（図3-2）。この課題では、図形や自分の手は水平な板によって視界から遮られており、垂直に立てられた鏡に映った像のみを頼りにしなければならない。そのため、普段運動を調節するために使う視覚的手がかりの上下左右が反転した鏡像を利用することになり、正確になぞるには新しい運動技能の獲得が必要となる。大抵の成人にとって最初のうちは困難であるが、訓練を続けるうちに上達する。H・Mも健常者と同様、訓練に伴って上達していった。しかし、一つだけ異なる点があった。毎日の訓練を開始すると

図3-2　鏡映描写課題の例
上下左右が反転した鏡像のみを頼りにして、図形の線と線との間を鉛筆でなぞることが求められる。

きにこの課題を実施した覚えがないと主張したのである。つまり、H・Mはエピソード記憶を形成できないが、手続き記憶を形成することはできたと言える。H・Mは訓練の経験を意識的に思い出すことはできなかったが、確かに経験から学んでいたのである。

H・Mの報告をきっかけとして、脳の局所的な損傷を原因とした記憶障害の症例が相次いで報告された。例えば、線条体という脳領域に障害が認められるパーキンソン病やハンチントン病の患者では、エピソード記憶ではなく手続き記憶に障害を示すことから、手続き記憶の形成には線条体の機能が重要であることが明らかとなっている。

3　記憶の座：海馬

後に報告された記憶障害の事例や、動物の脳を局所的に損傷させた実験によって、H・Mが失った種類の記憶は内側側頭葉の中でも特に、海馬という脳領域の機能に支えられていることが明らかとなった。例えば、死後の解剖で海馬に限定した脳損傷が確認された患者R・Bの症例はH・Mと類似した記憶障害を示した[20]。R・Bの記憶障害は脳虚血発作が原因であった。海馬は他の脳領域と比べて脆弱な脳領域であり、数分間でも脳内に血液が循環しなくなると海馬のみに神経変性が生じる。

海馬が学習や記憶に関係するのであれば、学習経験の違いが海馬の構造を変容させる可能性があるのではないか。実際に、そのことを示す結果が報告されている。マグワイアらは、ロンドン市内で働くタクシー運転手を対象に、海馬の構造をＭＲＩ（磁気共鳴画像法）で調べた。[8] タクシー運転手は、街中の地図情報を詳しく覚えていなければならない。ベテランタクシー運転手の脳構造を運転経験の少ない成人と比較すると、海馬の後方領域が大きくなっていた。一方、前方領域は比較的小さくなっていた。タクシー運転歴が長いほど海馬の後方領域が大きくなるという傾向も見られたことから、生まれつき海馬後方部が大きい人がタクシー運転手を職業として選択しやすいのではなく、経験によって海馬の構造が変化したと言える。さらに、ロンドン市内を走るバスの運転手と比較してもタクシー運転手の海馬後方部は大きくなっていた。[9] バスの運行経路はあらかじめ決まっており、バスの運転手は自ら経路を割り出す作業は必要としないので、タクシー運転手に比べると覚えておくべき地図情報は少ないと言える。これらの結果は、学習を繰り返すことで海馬の構造が変化する可能性を示唆している。「経験による比較的永続的な」変化が海馬の構造でも生じるのである。

4　神経細胞レベルでの学習に類似した現象

Ｈ・Ｍの症例などにより、長期記憶の形成には海馬の働きが重要となることが明らかとなった。それでは、記憶が長期記憶として定着する際には、海馬の神経細胞ではどのような変化が生じているのであろうか。

哺乳類の場合、脳は推定一〇〇〇億個もの神経細胞からできており、これらは常に情報の連絡を取り合っている。典型的な神経細胞の場合、細胞体から軸索と樹状突起の二種類の神経突起が四方に伸びている（図3−3）。軸索は、特に長く伸びた神経突起であり、その末端部は終末ボタンとよばれる円盤状の膨らみを形成している。神経系の情報は電気信号（活動電位）として細胞体から軸索を通って終末ボタンまで送られ、他の神経細胞の樹状突起や細胞体に伝えられる。神経細胞間で情報の受け渡しがなされる場所はシナプスと呼ばれる。神経細胞同士は物理的に接触していないため、シナプス伝達は電気信号とは異なる方法で実行される。終末に到達した電気信号によって終末ボタンが刺激されて化学物質（神経伝達物質）が放出され、受け手側の細胞膜に存在する受容体がこれと結合することで、興奮性または抑制性の電位変化（シナプス電位）が生じる。興奮と抑制は放出される神経伝達物質の種類で決まる。各神経細胞には多数のシナプスがあり、他の神経細胞から無数の信号を受け取っているため、一つの神経細胞には複数の興奮性や抑制性のシナプス電位が同時に生じる。ある時点でのシナプス電位の総和が大

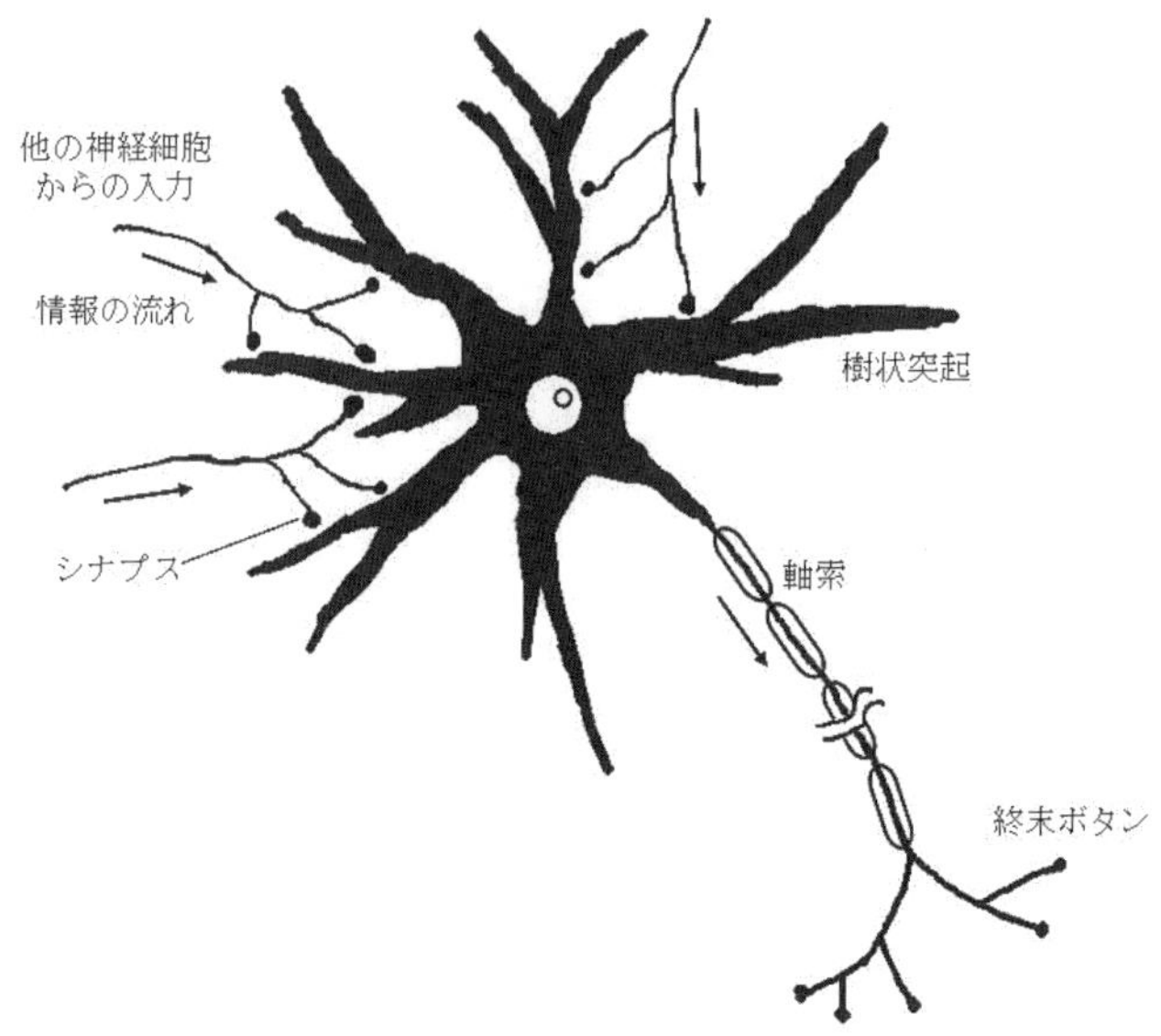

図3-3　典型的な神経細胞（ニューロン）の模式図

神経細胞は、細胞体から軸索と樹状突起の二種類の神経突起が四方に伸びている。神経系の情報は細胞体から軸索を通って他の神経細胞に伝えられる。神経細胞間で情報の受け渡しがなされる場所はシナプスと呼ばれる。各神経細胞には多数のシナプスがあり、他の神経細胞から無数の信号を受け取っている。

きければ、神経細胞は活動電位を発生させて、次の神経細胞に向けて信号を送る。反対にシナプス電位の総和が小さければ、受け手の神経細胞は活動電位を発生させない。つまり、シナプス電位の強さによって情報が次に伝わるかどうかが決まる。

行動上の学習に類似したシナプスの機能的な変化が海馬の神経細胞において生じることが、一九七〇年代に行われた電気生理学的実験によって明らかとなった。[1]ブリスとレモは、麻酔下のウサギにおいて、海馬の歯状回という領域に至る軸索に、テタヌス刺激とよばれる短時間で高頻度の電気刺激を与えて、歯状回の神経細胞を強く活性化させたところ、歯状回でのシナプス伝達の効率が著しく増大し、しかも数分間から数時間に渡って持続することを見出した。このような活動依存性のシナプス強度の変化は「長期増強（long-term potentiation）」（以下、ＬＴＰ）とよばれる。その後の研究で、ＬＴＰは行動している動物の脳内でも生じることが確かめられ、また、テタヌス刺激を繰り返せば、その持続時間が数日間から数週間になることも明らかになっている。

ＬＴＰが生じたシナプスでは、テタヌス刺激が終わった後も長時間に渡って伝達効率の向上が持続する。このことは、「経験による比較的永続的な」変化がシナプスで生じたことを意味する。しかし、ＬＴＰは人工的に作り出された現象であり、実際に動物が学習する際にもＬＴＰが生じるとは限らない。ＬＴＰが学習・記憶の神経的基盤であることを証明するためには、分子・細胞レベルでの実験と行動レベルでの実験との間を結びつける研究が必要となる。

ＬＴＰの生起を妨げると学習・記憶もまた妨害されることを初めて明らかにしたのが、モリスらによる水迷路実験である[11]。水迷路は、げっ歯類（ラット・マウス）における空間に関する学習・記憶を測定する課題であり、濁った冷水を張った円形プールが利用される（図3-4）。プール内に入れられたラットは、水面下に隠された足場（逃避台）にたどり着くことで冷水から逃れられる。このような訓練を繰り返すと、試行ごとにプール縁の異なる地点からスタートしたと

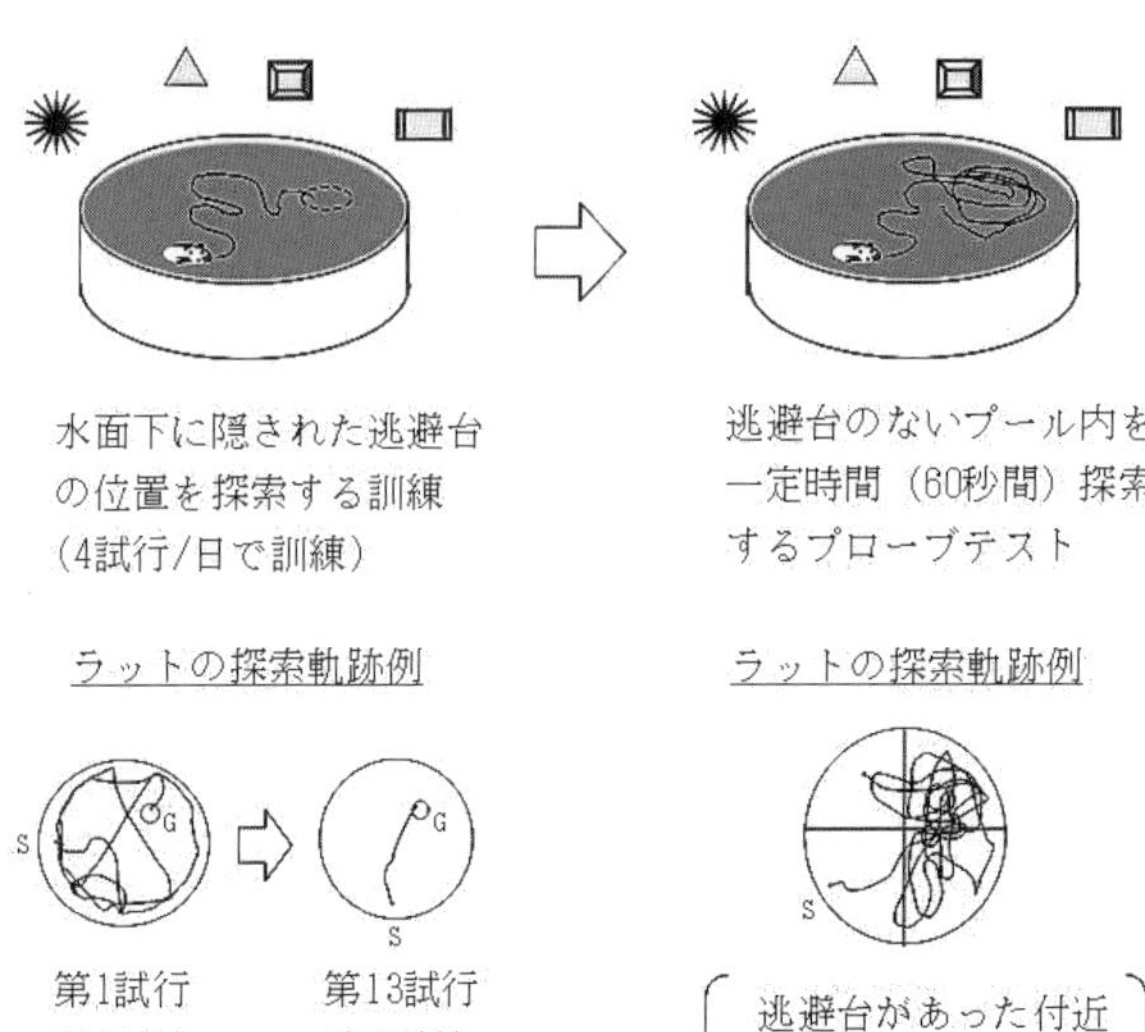

図3-4　モリス水迷路の概要

左上の図は訓練時の様子を表している。左下の図は訓練時におけるラットの探索軌跡の例である（筆者による実験）。図中のSはスタート位置、Gはゴール（逃避台位置）を示す。右上の図はプローブテストの様子を表している。右下の図は上述の訓練が終わった翌日に六〇秒間のプローブテストを実施した場合の軌跡の例を示している。

しても、ラットは真っ直ぐに泳いで逃避台に向かうようになり、たどり着くまでにかかる時間が短くなっていく。スタート位置が試行ごとに異なるので、スタート位置から目標までの特定の反応を学習するだけでは目標に到達することはできない。ラットが利用できる手がかりはプールの外に配置された目印だけである。より早く逃避台にたどり着くためには、装置外目印と逃避台を含む実験室全体の空間情報に関する記憶を形成しなければならない。外科手術によって海馬が損傷されたラットではこの課題の遂行が困難となる。通常のラットでは数試行ほどの訓練で一〇秒以内にたどり着くようになるが、海馬損傷のラットでは訓練を繰り返しても、毎回試行錯誤しながら逃避台を探索し、到達までに約三五秒を要する。海馬損傷のラットは、逃避台までの経路を学習できなかったのである。

モリスらは、ＡＰ５という阻害薬を投与してＬＴＰが生じないようにしたラットでも水迷路での空間学習が困難になることを示した。この阻害薬を投与されたラットでは、海馬損傷のラットで見られるような成績の悪化が示された。さらに、訓練を繰り返した後に、逃避台が取り除かれたプール内を一定時間泳がせる試行（プローブテスト）を実施したところ、逃避台位置に関係なくプール全体を偏りなく泳ぎまわった。十分に訓練した通常のラットに同じテストを実施すると、かつて逃避台が置かれた位置の付近に探索が集中する（図3-4）。プローブテストの結果は、薬の投与による効果を考察する上で重要である。訓練の成績は、記憶に限らず他の知覚や認知機能の障害にも影響されうる。例えば、阻害薬がラットの運動機能を障害したとすれば、泳ぎが困難になる分、逃避台に到達するまでの時間が長くなる。しかし、薬を投与されたラットがプール全体を泳ぎまわっていた事実から、少なくとも薬が運動機能に影響した可能性は少ないと言える。ＬＴＰが生じないラットで逃避台の場所を覚えられなかったことは、経験から新しいことを学習するためにはＬＴＰが必要となることを示唆している。

ＡＰ５という阻害薬について詳しく説明する。この阻害薬はＮＭＤＡ（*N*-methyl-D-aspartate）受容体という、グルタミン酸受容体の一種の機能を抑制する。グルタミン酸受容体は、シナプス後細胞の細胞膜上に存在し、シナプス前細胞から放出された神経伝達物質グルタミン酸と結合することでナトリウムイオンを通す作用を持っている。シナプス後細胞内にナトリウムイオンが流入すると、シナプス電位が上昇する。活性化するグルタミン酸受容体が多いほど、シナプス後細胞に活動電位が発生しやすくなる。ただし、通常時のシナプスではＮＭＤＡ受容体は機能していない。マグネシウムイオンで塞がれていて、グルタミン酸が結合してもナトリウムイオンを通さないためである。通常時のシナプス伝達では、別種のグルタミン酸受容体であるＡＭＰＡ（α-amino-3-hydroxy-5-methylisxazole-4-propionic acid）受容体のみが働く。シナプスに強い信号が送られて多量のグルタミン酸が放出されて多数のＡＭＰＡ受容体が活性化すると、ＮＭＤＡ受容体からマグネシウムイオンが外れる。この時にグルタミン酸が結合すると、ようやくＮＭＤＡ受容体が機能するのである。ＮＭＤＡ受容体が活性化するとシナプス後細胞内にカルシウムイオンが多量に流入する。それにより、細胞内にあるカルシウム依存性の酵素が作用してシナプスの形状を変化させる。その形状変化の一つが、シナプスでのＡＭＰＡ受容体の数の増加である。ＡＭＰＡ受容体のいくつかはシナプスではなく細胞内部に存在している。内部に存在するＡＭＰＡ受容体は外のグルタミン酸と結合できないのでシナプス伝達には関与できない。ＮＭＤＡ受容体の活性化によってこのＡＭＰＡ受容体がシナプスに送り出されると、放出されたグルタミン酸をより多く受け取ることが可能となり、伝達効率の向上が長期間維持される。

5　忘れるということ

健忘患者でなくとも、私たちは日常の経験をすべて覚えておくことはできない。日常生活の取るに足らない出来事は、最初のうちは鮮明に思い出せても、時間が経つと忘れてしまう。このような時間が経つにつれて自然に生じる記憶の消失は、忘却と呼ばれている。

忘却がほとんど生じない人物も存在するらしい。後に記憶術師として有名となった新聞記者通称シィーことS・V・シェレシェフスキーの驚異的な記憶能力が一九二〇年代から約三〇年間に渡って研究されている[7]。シィーは数字や文字の長いリストを聞いた後に、それをすべて正確に復唱できた。また、人工的に作られた複雑な数式を見た一五年後にそれを誤りなく再現した。ただし、シィーは記憶のすべてを覚えられたわけではなく、自身の生活史上の体験に関する記憶（自伝的記憶）を再生できる度合いは通常の成人と大差なかった。近年、シィーとは対照的に、自伝的記憶をすべて鮮明に思い出すことができるA・Jの事例が「超記憶症候群」として報告されている[12]。A・Jは、日付を与えられると、その日が何曜日で自分が何をしていたかを即座に答えられたという。自伝的記憶は、一〇代後半から三〇代の間に起きた出来事が思い出されやすい傾向にある[13]。しかしA・Jは、起きた時点や内容にかかわらず、どの出来事も等しく詳細に思い出せたという。一方で、シィーのように数字や文字のリストを覚えることは苦手であった。過去の出来事が絶え間なく思い出されて暗記に集中できなかったためだという。

このように本人の意図とは無関係に記憶が思い出されることがA・Jの事例の特徴である。

私たちが日常で経験するような忘却を引き起こす明確な原因は得られていない。心理学の分野では、新しい記憶が形成されると古い記憶と干渉しあうことで思い出せなくなるとする仮説が有力であった。しかし近年では、一度形成された記憶を積極的に忘却させるメカニズムが海馬の神経細胞において存在する可能性が指摘されている。LTPが生起したシナプスではAMPA受容体が増加することは前節で述べた。ただし、AMPA受容体は永久的にシナプスに留まるわけではなく、時間が経過すると細胞内に再び取り込まれることもわかっている。このようなAMPA受容体の細胞内取り込みが忘却の神経的基盤となりうるという主張も存在する[6]。最近の研究では、AMPA受容体の取り込みの阻害薬（GluA2$_{3Y}$というペプチド）を海馬に投与されたラットは、投与前に形成した空間記憶をより長期に渡って保持することも示されている[10]。

AMPA受容体の取り込みを引き起こすきっかけは何であろうか。これもまた、NMDA受容体の機能が関与している。実のところ、マグネシウムイオンに塞がれた通常時のNMDA受容体でも、グルタミン酸と結合すれば少量のカルシウムイオンを流入させる。そして、低レベルのカルシウム濃度の変化は、結果としてAMPA受容体の取り込みを引き起こすことがわかっている。これによりシナプスの伝達効率が低下する。この現象はLTPとは反対の形式の機能的変化であることから「長期抑圧（long-term depression）」とよばれる。

自由活動下のラットの海馬にLTPを生起させた後に、NMDA受容体阻害薬を投与すると、投与前に生起させたLTPがより長期間に渡って持続することが報告されている。[18] また、NMDA受容体阻害薬の投与が記憶保持を促進させることを示す結果もいくつか報告されている。[14][15][18] その中で筆者が実施した水迷路による実験を紹介する。[16] 四日間に渡る水迷路をラットに訓練した一日後と七日後では、プローブテストでの探索の傾向が異なる。目標付近を探索した時間を比較すると、一日後に比べて七日後では著しく減少する。このことは、訓練で形成された空間記憶を一日間は保持できるが、七日間までは保持できないことを示唆している。同様の訓練を実施した別のラットに訓練の一日後、すなわち、まだ覚えている段階で海馬内へのNMDA受容体阻害薬の投与を開始し、六日間投与し続けた後に訓練の七日後に当たる日にプローブテストを実施すると、NMDA受容体の阻害によって、投与以前に形成した空間記憶をより長期に保持させたのである。言い換えると、阻害薬が忘却を抑制させたのである。この結果は、NMDA受容体の機能が以前に形成した記憶を忘れさせる方向に機能している可能性を示唆している。

また、海馬の歯状回での神経新生が既に形成された記憶に干渉して忘却を促進するという仮説も近年提唱されている。[5] 海馬の歯状回にある神経細胞は出生後も分裂して増殖することがわかっている。これは神経新生とよばれ、その生起頻度は成長に伴って減少していくものの、成体の歯状回でも生じる。新生した神経細胞は約一ヵ月間をかけて成熟し、新しい記憶の形成に貢献する。しかし、成熟に至る途中の神経細胞は反対に、既に形成された記憶に対して抑制的に作用して、思い出しにくくさせる。実際に神経新生を人為的に抑制させたマウスでは処置前に経験した課題で獲得した記憶をより長期間に渡って保持することも報告されている。(4)

6　おわりに

記憶は、個人の学習経験を反映したものであり、それは脳・神経系の変化として説明できる。本章では学習や記憶の背景にある神経科学（脳科学）的基盤の一端について海馬とＮＭＤＡ受容体に重点を置いて紹介してきた。ただし、経験によって生じる脳・神経系の変化は永久的に維持されるわけではない。学習の定義における「比較的永続的な」という条件には、学習が永久的な変化ではないという意味も含まれる。学習による行動の変化も大抵は時間が経つと失われる。本章では、忘却を積極的に引き起こすメカニズムが脳内に存在する可能性を示唆する近年の研究について述べた。積極的な忘却のメカニズムが脳内で生じるのであれば、それは動物にとってどのような意味を持つのだろうか。学習したことはいつまでも覚えていたいものであり、物事を忘れてしまうことは不便なようにも思える。しかし、忘却がないことは本当に良いことであろうか。優れた記憶力を持つシィーにも欠落している能力があった。記憶内容の一つ一つの印象が鮮明であったため、それらの共通点を抽出して理解することは難しく、抽象的な文章や詩を理解するのが苦手であったようだ。特に、文章中に同義語や同音異義語が出てくると理解がより困難になった。また、同じ人物が写った写真を見ても表情が異なると同一人物だと判別できなかったという。私たちは、記憶した内容の詳細を忘れることができるからこそ、数多ある情報の中から本質的な部分を抽出することや、一般的な概念を把握して全体像を掴むことができると言える。一方、超記憶症候群のＡ・Ｊは、本人の意図に関係なく思い出される過去の記憶に邪魔されて勉強に集中することが苦手であったようだ。このように、健康な人に起こる忘却は正常な記憶をつくるために不可欠な機能と言える。

積極的な忘却のメカニズムは行動の柔軟性においても重要なのかもしれない。ラットやマウスにおける行動の柔軟性を測定する課題に、水迷路の逆転課題がある。逆転課題とは、プール内の特定の場所に逃避台を固定して数日間に渡って訓練（原訓練）した後に、逃避台の位置を異なる場所（原訓練での位置から対面する場所）に移動させて再び訓練する課題である。通常のラットの場合、逆転課題の第一試行では新しい目標にたどり着くまでに時間を要するものの、次の試行ではすぐに到達するようになる。ＡＭＰＡ受容体の取り込みを阻害する薬を海馬に投与すると、水迷路の逆転課題だけの成績を悪化させることが報告されている。[3] 原訓練後にこの阻害薬を海馬内に投与したラットでは、逆転訓練の第二試行以降でもそれまでの目標付近を探索し続け、新しい目標にたどり着くまでに長い時間を要した。一方、阻害薬の投与は原訓練での成績には影響しなかった。逆転訓練では以前の訓練で学習した空間情報が通用しないため、これを無視して新しい空間位置の学習に移行することが求められる。私たちヒトを含む動物は、日々刻々と変化していく環境の中で生きている。環境が変わればそれまで有効だった方略が通用しなくなることもありうる。忘れることは、環境の変化に対応して適切な行動を柔軟に選択していくために必須の機能と言えるかもしれない。

引用文献

（1）Bliss, T. V., Lømo, T.（1973）. Long-lasting potentiation of synaptic transmission in the dentate area of the anaesthetized rabbit following stimulation of the perforant path. *The Journal of Physiology*, 232, 331–356.

（2）コーキン・S（二〇一四）（鍛原多恵子訳）『ぼくは物覚えが悪い　健忘症患者H・Mの生涯』早川書房

（3）Dong, Z., Bai, Y., Wu, X., Li, H., Gong, B., Howland, J. G., Huang, Y., He, W., Li, T., Wang, Y. T.（2013）. Hippocampal long-term depression mediates spatial reversal learning in the Morris water maze. *Neuropharmacology*, 64, 65–73.

（4）Epp, J. R., Mera, R. S., Köhler, S., Josselyn, S. A., Frankland, P. W.（2016）. Neurogenesis-mediated forgetting minimizes proactive interference. *Nature Communications*, 7, 10838.

（5）Frankland, P. W., Köhler, S., Josselyn, S. A.（2013）. Hippocampal neurogenesis and forgetting. *Trends in*

Neurosciences, 36, 497–503.

（6）Hardt, O., Nader, K., Nadel, L.（2013）. Decay happens: the role of active forgetting in memory. *Trends in Cognitive sciences*, 17, 111–120.

（7）ルリヤ・A・R（二〇一〇）．（天野清訳）『偉大な記憶力の物語　ある記憶術者の精神生活』岩波現代文庫

（8）Maguire, E. A., Gadian, D. G., Johnsrude, I. S., Good, C. D., Ashburner, J., Frackowiak, R. S., Frith, C. D.（2000）. Navigation-related structural change in the hippocampi of taxi drivers. *Proceedings of the National Academy of Sciences*, 97, 4398–4403.

（9）Maguire, E. A., Woollett, K., Spiers, H. J.（2006）. London taxi drivers and bus drivers: a structural MRI and neuropsychological analysis. *Hippocampus*, 16, 1091–1101.

（10）Migues, P. V., Liu, L., Archbold, G. E., Einarsson, E. Ö., Wong, J., Bonasia, K., Ko, S.H., Wang, Y. T., Hardt, O.（2016）. Blocking synaptic removal of GluA2-containing AMPA receptors prevents the natural forgetting of long-term memories. *Journal of Neuroscience*, 36, 3481–3494.

（11）Morris, R. G. M., Anderson, E., Lynch, G. A., & Baudry, M.（1986）. Selective impairment of learning and blockade of long-term potentiation by an N-methyl-D-aspartate receptor antagonist, AP5. *Nature*, 319, 774.

（12）Parker, E. S., Cahill, L., McGaugh, J. L.（2006）. A case of unusual autobiographical remembering. *Neurocase*, 12, 35–49.

（13）Rubin, D. C., Schulkind, M. D.（1997）. The distribution of autobiographical memories across the lifespan. *Memory & Cognition*, 25, 859–866.

（14） Sachser, R. M., Santana, F., Crestani, A. P., Lunardi, P., Pedraza, L. K., Quillfeldt, J. A., Hardt, O., de Oliveira Alvares, L.（2016）. Forgetting of long-term memory requires activation of NMDA receptors, L-type voltage-dependent Ca2+ channels, and calcineurin. *Scientific Reports*, 6, 22771.

（15） Shinohara, K., Hata, T.（2014）. Post-acquisition hippocampal NMDA receptor blockade sustains retention of spatial reference memory in Morris water maze. *Behavioural Brain Research*, 259, 261–267.

（16） Squire, L. R.（2004）. Memory systems of the brain: a brief history and current perspective. *Neurobiology of Learning and Memory*, 82, 171–177.

（17） Tolman, E. C., Honzik, C. H.（1930）. Introduction and removal of reward, and maze performance in rats. *University of California Publications in Psychology*, 4, 257–275.

（18） Villarreal, D. M., Do, V., Haddad, E., Derrick, B. E.（2002）. NMDA receptor antagonists sustain LTP and spatial memory: active processes mediate LTP decay. *Nature Neuroscience*, 5, 48.

（19） 山田恒夫（一九九九）「学習 learning」（中島義明・安藤清志・子安増生・坂野雄二・繁桝算男・立花政夫・箱田裕司 編）『心理学辞典』一〇八　有斐閣

（20） Zola-Morgan, S., Squire, L. R., Amaral, D. G.（1986）. Human amnesia and the medial temporal region: enduring memory impairment following a bilateral lesion limited to field CA1 of the hippocampus. *Journal of Neuroscience*, 6, 2950–2967.

参考図書

・スザンヌ・コーキン（二〇一四）（鍛原多恵子訳）『ぼくは物覚えが悪い：健忘症患者H・Mの生涯』早川書房

著者のスザンヌ・コーキンは健忘患者H・M（ヘンリー・モレゾン）の記憶障害の特徴を報告した主要な研究者の一人である。H・Mの生涯についての記録と、彼の事例がもたらした脳・神経科学的知見が綴られている。

・アレクサンドル・R・ルリヤ（二〇一〇）（天野清訳）『偉大な記憶力の物語　ある記憶術者の精神生活』岩波現代文庫

驚異的な記憶力を持つS（シィー）ことS・V・シェレシェフスキーに関する研究成果が詳細に記述されている。

・ジル・プライス／バート・デービス（二〇〇九）（橋本碩也訳）『忘れられない脳　記憶の檻に閉じ込められた私』ランダムハウス講談社

超記憶症候群として報告されたA・Jことジル・プライスの自叙伝である。忘却が失われた人物がいかにして自身の記憶能力と付き合ってきたかを知ることのできる貴重な書籍である。

第4章　対話と沈黙の往還による学び

野村　晴夫

1　はじめに

食卓で今日一日の出来事を家族に話したり、将来の進路について友人と話したり、私たちは日頃、自分にまつわるさまざまなエピソードを人に話すと共に、人の話を聞いている。こうした日常会話は、相手の人へのメッセージであり、何かを伝える意図的な目的をもち、相手に影響を与えるものである。同時にまた、それは自分自身へのメッセージともなり、自身にとっての目的をもち、自分に影響も与えるものでもある。なかでも、比較的明確な目的をもち、あるテーマに沿って交わされる会話は、対話（dialogue）と呼ばれることがある。白黒つける交渉の趣(おもむ)きのある議論（discussion）に比べると、対話はもう少し打ち解けていて、結論を急がない印象だろうか。このような対話がもたらす自他への働きかけは、学校教育をはじめとした授業場面における効果を期待され、話し合い学習等の名で、幅広い児童・生徒が体験するところとなっている。

対話による働きかけという点は、心理的な支援の方法であるカウンセリングにもあてはまる。カウンセリングでは、絵を描いたり、おもちゃで遊んだりといった、言葉に頼らない活動も取り入れられるものの、言葉を介して、緩やかにテーマを定めてやり取りする対話が一般的である。例えば、過去の辛い出来事に苦しむ相談者は、カウンセラーとの対話を通じて、それにまつわる感情が変わったり、その出来事に新たな意味を見出したりする。したがってカウンセリングには、対話を通じて、相談者が自身の経験から学び、あるいは学び直すという側面がある。

だが、対話は万能だろうか。話し合いが苦手な人がいることや、同じ人でも相手によっては口が重くなる場面があることは、容易に想像できる。また、対話といっても、のべつまくなしに話し続けるわけではなく、対面しながらも黙って考え込んだり、対話を終えてから一人でそれを思い出したりすることが、ふつうである。学校の授業もカウンセリングも、対話という文字通りの会話場面だけではなく、会話の合間や前後の沈黙場面がもつ働きにも、目を向ける必要があるだろう。むしろ、後述の通り、こうした沈黙の間の内省があってこそ、対話が十分に機能することを示す知見もある。では、対話や沈黙は、どのように相互に絡み合いながら、機能しているのだろうか。本章では、カウンセリング場面を素材に、対話と沈黙、そしてそれらの繰り返しがもつ働きを探る。

2　学ぶことと対話

学び、教えることとは、学校教育の現場だけに留まるものではない。また、心理学では「学習」は、記憶や習慣や技能をはじめ、経験によって、一定期間にわたる持続的な変化がもたらされることを指すほど、意味が広く、その対象は生まれてから身に着けるものの総体に及ぶ。そして、筆者は、カウンセリングや心理療法に代表される心理支援の中で、自分の記憶や感情について「語ること」が語っている当人に与える影響に、関心を寄せてきた。そこで、学び、教えることについて、その意味をこのように広げた上で、心理支援を切り口に考えてみたい。なお、カウンセリングと心理療法は、厳密には対象とする相談者や問題、手法のほか、開発された歴史的経緯も異なるが、いずれも対話を通じた心理支援という点では共通しているため、本章では区別していない。

対話を通じた学習、話し合いを取り入れた学習は、教育現場の実情に疎い筆者でも、耳にすることが増えた。教師が生徒に知識を一方的に伝授するような一方向ではなく、教師と生徒、あるいは生徒と生徒が意見を交わすような双方向のやり取りに期待が寄せられている。たしかに、わかったつもりでいても、言葉にして初めて、わかっていないところに気づくことがある。また、わかったことを人に伝え、教えようとすると、さらに深く、広く学ばなければならなくなる。このように、対話を通じた学習は、伝える相手だけではなく、伝えている自分自身を、さらなる学びへと誘う。

　では、カウンセリングにおいて、対話はどのように取り入れられているだろう。カウンセリングには、相談者とカウンセラーが一対一で対面する個別場面のほかに、複数の相談者が集まって行うグループ場面もある。後者のグループ・カウンセリングでは、その利用者相互の話し合いを重視し、カウンセラーはファシリテーターと呼ばれる黒子に徹する。個別場面もグループ場面も、いずれも、対話を中心に据えている点は共通している。これには、歴史的に、お話療法（talking cure）と呼ばれた治療法を出発点のひとつにしていることが関係している。この治療法は、一九世紀末に、患者が自分のことを話すことでさまざまな症状が消失したことから、患者自身によって名づけられたものである。

　だが、個別カウンセリングでカウンセラーを前にして口ごもり、言い淀む人がいるように、グループ・カウンセリングでも、誰もが苦もなく話の輪に加われるとは限らない。一般にグループ・カウンセリングで、皆の自由な発言を促すファシリテーターと呼ばれる役割が必要とされる理由は、放っておいても話す人がいるかと思うと、なかなか会話の輪に加われない人もいて、話し合いが成立しにくいことにある。実際、グループ・カウンセリングでは寡黙だった人が、その後に設けられた個別カウンセリングでは打って変わって多弁になって驚かされることもある。もちろん、こうした人に、グループ・カウンセリングで発言を促せなかったのは、ファシリテーターの力量によるところもある。また、個別カウンセリングでも寡黙だった人が、ふだんつけている日記を見せてくれて、毎回のカウンセリングの時間中や終了後に、驚くほどさまざまな思いを巡らせていることに驚かされることもある。これも、個別カウンセリング中に、それらを語ってもらうことができなかったのは、カウンセラーの力量によるところもあるだろう。しかし、このようにグループや個別の場面における利用者の寡黙さの原因を、カウンセラーの力量ばかりに求めるのも、一面的過ぎるだろう。人によってこうした場面が苦手だったり、話題によって口が重くなったりするはずである。何らかの悩みを抱えてカウンセリングの場を訪れた人にとって、強いられた発言や軽はずみな発言は、傷つく体験になりかねない。カウンセリングでは、対話する自由と同時に、沈黙する自由も保障される必要がある。

3　対話による問題解決

将来の進路選択や、友人や家族との人間関係など、生きていく中では、学校の勉強で解く問題とはやや異なる性質の難題に出会う。これらの答えは、往々にしてテキストの中にはない。

表 4-1　知恵の高さの評価基準（Staudinger & Baltes, 1996（引用文献 6）より抄訳）

事実に関する知識	人間性についての一般的な知識と、人生上のさまざまな出来事についての具体的な知識を幅広く、深く知っていること。
方法に関する知識	意思決定、人生設計、助言等の方法に関する知識を知っていること。
個別事情の考慮	過去から未来にわたる人生の多様な局面、文化や年齢によって異なる多様な状況を考慮していること。
価値の相対性の考慮	人それぞれの多様な価値観や人生目標を考慮していること。
不確かさの考慮	人生についてまわる不確かさや、それへの対処を考慮していること。

そして、学校の成績が良いからといって、これらの日常の問題解決に秀でているとは必ずしも言えない。そこで、このような実際的な問題解決に必要な知性は、学校の成績に表れやすい知能（intelligence）と区別して、知恵や英知（wisdom）と呼ばれる。知恵の高さは、さまざまな問題解決についての経験の蓄積、見方によって変わるような物事の多面性や、正解が一つに定まらない曖昧さを認めるところに表れる（表４-１）。知能と知恵では、一人の人の生涯においても、発達の道筋が異なる。何かを覚えたり、すばやく処理したりすることに代表される知能は、青年期にピークを迎え、高齢期には緩やかに下降する。それに対して、知恵は、個人差は大きいものの、おしなべて成人期以降、高齢期に至っても衰えにくいことが知られている。

では、日常の実際的な問題にうまく対処するには、どのように知恵を活かせるだろうか。「三人寄れば文殊（もんじゅ）の知恵」とのことわざが教えてくれるように、一人ひとりの

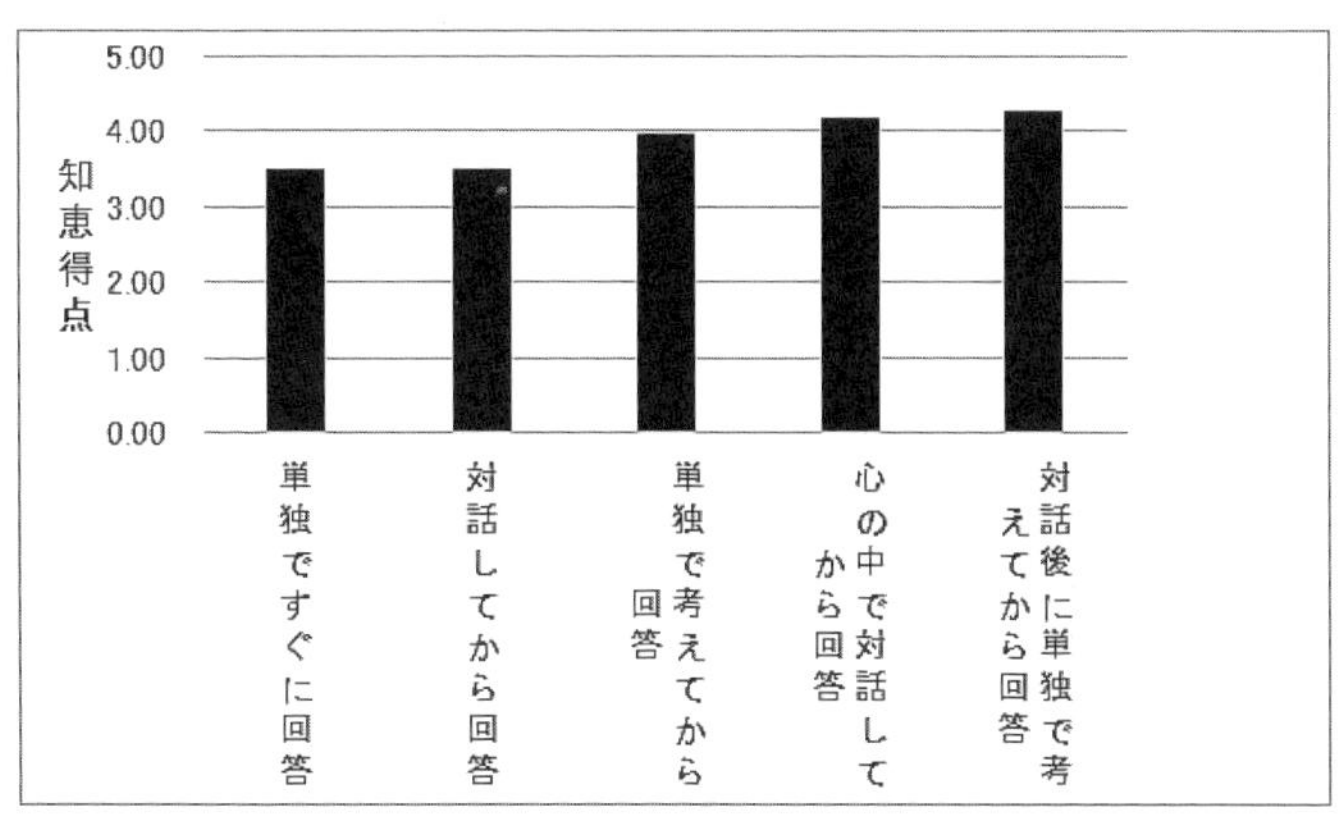

図4-1　諸条件下における回答に表れた知恵（Staudinger & Baltes, 1996（引用文献6）にもとづき作図）

横軸は、仮想の難題を解決するために設けられた実験条件を示す。縦軸は、解決策の回答に表れた知恵の高さに対する7点満点の評価を示す。対話後に単独で考えたり、心の中で対話したりして得た回答に、高い知恵が表れていた。

知恵は限られても、それが集まれば、賢者に匹敵するほどの知恵が表れるだろうか。一人で考え込むことと、人と対話することがもたらす知恵を比較した研究から、これらの問いへの答えを探ってみよう。

シュタウディンガーとバルテス[6]は、親友から自殺する考えを電話で伝えられた時にどう対応するかといった仮想の難題を、さまざまな条件のもとで解決してもらう実験をした。条件とは、一人で即答する、他人と話し合ってから答える、一人で考えてから答える、他人だったらどう考えるか考えてから答える、他人と話し合ってから一人で考えて答えるというものである。そして、上述した知恵の観点から、こうした条件下での答えがどれほど優れているか、得点化された。その結果、他人と話し合ってから一人で考えて答える条件が最も高く、他人だったらどう考えるか考えてから答える（心の中で対話してから回答する）条件が、それに次いだ。意外に思われるかもしれないが、話し合いのみによる答えは、一人で考えた答えに及ばず、一人で即答した答えと同等だった。つまり、優れた問題解決には、対話だけではなく、そこに内省が加わる必要があった。また、むしろ心の中に他者の視点を据えて対話するような、自己内対話が有用だった。内省したり、心の中で対話したりするには、一人で黙って考える時間が要る。次に、こうした沈黙を、やはり日常の問題解決に活かす発想を、カウンセリングのなかに探してみよう。

４　沈黙による心理支援

上述の通り、「お話療法」を源流にもつ西洋由来の心理支援は、対話を軸に、相談者が語ったことをカウンセラーがそのまま伝え返したり、語ったことの意味をカウンセラーが推測して伝えたりといったやり取りが繰り返される。一方、数少ないながらも、日本発祥のカウンセリングもある。そこでは、同様に対話を含むものの、西洋由来の心理支援に比べると、相談者が一人で過ごしている間の沈黙を重視しているものがある。森田療法と内観療法を例に、こうした沈黙の働きを検討してみよう。

森田療法は、精神科医の森田正馬（一八七四〜一九三八）が、主に神経症を対象に考案した心理支援法である。神経症とは、心理的原因が、不安や抑うつのほか、身体的な症状を引き起こす疾患である。例えば不安神経症は、不安に意識が向き、それを失くそうとすることでますます悩みが深まるという悪循環的な性質をもつ。そこで一〜二ヵ月間の入院による森田療法では、こうした不安の存在を「あるがまま」に受け止めることを目指し、そのために、約一週間、一日中、読書やネットのような気晴らしを禁じられて、一人で寝床に横たわることが求められる。この手法は、絶対臥褥と呼ばれる。その後、退院まで、負担の軽いものから重いものへと、少しずつ園芸や木工などの作業や運動に取り組む。作業の時期には、カウンセラーにあたる医師との面談や患者相互のミーティングも含まれるが、あくまでも治療の中心は作業にある。絶対臥褥では、自分の内側にこみ上げてくる、不安をはじめとした取り去りたい感情に襲われながら、それを誰かと対話して解消しようとするのではなく、一人、沈黙のうちに、受け容れようとする。作業では、こうした感情を抱きながらも、まずは行動を起こすことで、自分の内側ではなく外側に目を向けた、現実的な活動が促される。自分の心の内を見つめるか、自分の外の環境を見つめるかという違いはあるにせよ、絶対臥褥も作業も、いずれも沈黙がもつ働きを活用していると考えられる。

　内観療法は、吉本伊信（一九一六〜一九八八）が、浄土真宗の「身調べ」と呼ばれる精神修養法に着想を得て考案した心理支援法であり、自分自身を見つめ直すことを通じて、主に人間関

図4-2　屏風を開けた内観模擬面接の様子（真栄城輝明氏提供）
内観中の相談者役（左方）の右に、開かれた屏風が見える。

係や心に起因する悩みの解決を目指す。内観療法には、宿泊して早朝から深夜まで一週間行われる集中式と、通院や在宅で行われる短期式がある。集中式では、一日中、人一人がやっと座っていられるほどの、屏風に囲われた部屋の一角で、三つのテーマに沿って、内観を深める。内観、すなわち自分自身の内側の探索には、テーマが設けられ、それに沿って探索を進めるように厳格に指示される。原則的なテーマは、「親にしてもらったこと」、「親に迷惑をかけたこと」、「親にして返したことである」の三種である。

　こうした場面設定やテーマ設定に加えて、内観療法は、時間設定においても、他の多くのカウンセリングと比べて、独自性をもつ(3)。一般的なカウンセリングでは、テーマ設定が相談者に委ねられる程度はさまざまに異なるとしても、それらにおよそ共通しているのは、相談者がカウンセラーに話すという点である。そこでは、カウンセリングを行っている時間といえば、両者が対話している面接時間を指す。一方、内観療法において相談者がカウンセラーである面接者に対面して話すのは、一時間の内、わずか数分から一〇分である（図4-2）。しかもその面接では、上述の三種のテーマに沿わない相談者の語りは、面接者によって控えさせられる。では、その面接以外の時間はどうしているのだろうか。屏風に囲まれた一角で、テーマに沿って、ひたすら自身の内側を探索するのである。面接者のする仕事は、上述した原則に沿うように内観を導き、一人で内観した結果を聴くことにある。内観療法では、対面した面接者に語ることと、黙して自身の内側で対話を続けることを繰り返す。この対話と沈黙の往還を通じて、自分自身についての深い理解に到達することが目指されるのである。

5　対話と沈黙の往還

ここまで述べてきた通り、日常生活上の問題解決に関する実験の結果や、森田療法や内観療法の進め方からは、対話することだけではなく、沈黙することの働きを読み取ることができる。ただし、一般的に、日常生活においても、心理支援においても、両者は絶え間なく、交互に生じている。すなわち、対話があるからこそ、それに続く沈黙が活かされるとともに、沈黙があるからこそ、それに続く対話が活かされる。週に一回のような、定期的なカウンセリングでは、そのような対話と沈黙の絶え間ない往還が生じている。いうなれば、相談者が一人になったときに、どのように沈黙を活かすかを見越して、カウンセリング中の対話がしつらえられている。

必ずしも一般的とはいえないが、対話を終えるタイミングを調整することで、相談者の沈黙を活かすカウンセリングの方法もある。一般的にカウンセリングは、一回五〇分のように、時間を固定して行うことが多いが、可変時間セッションと呼ばれる方法では、カウンセリングの時間中、相談者がハッと何かに気づき、あるいは気づきそうなタイミングを見計らって、カウンセリングを終える[1]。すると、次のセッションまでの間に、相談者は意識的・無意識的に考えさせられる。常に同じ時間に終わるカウンセリングでは、その終わり方が、終了後の相談者にどのように影響するか、予測することは難しい。可変時間法では、決まった時間に終わる枠組の安定性よりも、柔軟な時間設定によって終了後の相談者に有効に働くと思える、ここぞという時間に終える可能性に期待する。この方法の基盤には、カウンセリングが対話している時間だけでは終わっていないという考え方がある。むしろ、各回のカウンセリングという対話後、夢を見たり、連想したりする沈黙における無意識的な作業を重視し、それを次の対話で話題にして活かそうとしている。

筆者自身、固定した時間のカウンセリングであったとしても、対話と沈黙の繰り返しによる働きを感じることが少なくない。例えば、毎週一回のカウンセリングの相談者から、前回のカウンセリング終了後のことについて、聞くことがある。そのなかには、カウンセリング中に相談者自身が発したことばや、カウンセラーが発したことばが、終了後に繰り返しよみがえるというものがある。このような反すうに没頭したために、どのように帰り道を辿ったのか、覚えていないという人もいた。カウンセリングの中には、各回の終了後の日常生活で行うホームワーク（宿題）を課すものもあるが、そこまで意図されていなくとも、このような反すうが起きることは、珍しくない。

ただし、カウンセリングの相談者が、皆、こうした終了後の沈黙について、後日語ってくれるわけではない。そこで筆者は、対話終了後の沈黙のなかで、内心、どのような思いがよぎるのか、健康な人を対象に模擬的なカウンセリング場面を設けて調べてみた[4]。そこでは、これまでの生い立ちの一部を、一時間ほど語ってもらう面接後、一週間の日常生活のなかで、よみがえった記憶を小さなメモ帳に記録してもらい、さらにもう一度、面接してその記録を素材に語ってもらった。すると、人によっては、面接の対話場面で語った過去の出来事と関連した他の出来事を繰り返し思い出したり、さらには、もとの出来事への評価や、出来事にまつわる感情が変わったりもしていた。なかには、対話場面では「（自分の養育に）父親はまったく母親任せだった」と語っていながら、その後、一人になってから不意に「父親は毎日自分を幼稚園に送ってくれていた」と、相反する記憶をよみがえらせた人もいた。あるいはまた、対話場面で、死別した夫との思い出を感極まって涙ながらに語った後、一人になってからは、同様の思い出を思い出しても、強い感情が湧き起こらなくなった人もいた。

こうした調査からわかるのは、文字通りの対話後に一人になってから、いわば自分との対話である自己内対話が触発されることである。カウンセリングという対話を用いた支援がもたらす効果の一端は、このような対話と沈黙の往還にあるのだろう。後に余韻を残す対話は、とりわけその後の沈黙のなかで、活発な自己内対話を引き起こす可能性がある。例えば、相談者にしてみれば、何か言い足りない、あるいは言い尽くせないという未完了の対話は、その後に自問自答を招く。一般に、完了した行為よりも、未完了の行為の方が、記憶に残りやすいことは、その発見者の名前をとってツァイガルニク効果と呼ばれる。カウンセリングという対話と沈黙の往還においても、同様の現象が起きているのかもしれない。

6　沈黙の質

対話の中にもさまざまなものが含まれるように、沈黙とひと括りにしても、そこで何を思うかは、さまざまである。過去の出来事を想起している場合もあれば、今日の夕食の献立を考えている場合もあれば、少なくとも意識の上では何も考えていない場合もあるだろう。実際、カウンセリング中の沈黙においても、それぞれが思いにふけっている様子が互いに伝わってくることもあれば、何を言い出そうか困惑している様子がうかがえることもある。初心のカウンセラーが往々にして戸惑うのも、この沈黙の扱いである。ただし、沈黙の扱いに、ただ一つの正解はないだろう。相談者が自分の内側を探索していたり、互いの発した言葉を反すうしていたりするならば、その沈黙は、カウンセリングのプロセスを推進する。一方、どちらが発言する順番であるかわからず、目の前で押し黙る相手に圧倒され、気まずい沈黙をどう埋めようかと考えることで頭の中が一杯になってしまっていると、本来のカウンセリングのテーマから、離れていく。この沈黙は、おそらくカウンセリングのプロセスを停滞させる。

カウンセリングに限らず、日常生活の沈黙の間、内省して熟考していることはあるだろうが、ふと気づくと、当の考え事とはまったく違ったことを思っていることもあるだろう。調査によれば、目の前のこと以外のことを考えている時間は、日常生活の四七％に及ぶという[2]。世間一般では集中することが善しとされ、気が散ることは戒められるが、ふだん私たちは、ぼんやりと過ごしていることが多い。考え事から離れた意識は、とりとめなくさまよい出る。こうしたさまよっている状態は、マインドワンダリング（mind-wandering）と呼ばれる[5]。

過剰なマインドワンダリングは、過去の否定的な経験をくよくよと繰り返し思い出したり、将来を心配したりして、神経をすり減らし、うつ状態に陥らせることもあり得る。しかし、マインドワンダリングには、私たちの暮らしに役立っている面もある。ある課題に注意を集中している時、そこから注意が離れる働きを、インキュベーション（卵がかえるまでの抱卵）と捉えるとどうだろう。つまり、何かを生むための、準備期間である。インキュベーションは、問題の解決や創造性の発揮に役立つ。考え続けて袋小路に行き当たった後、あまり頭を使わないほかのことをしてみたり、ぼーっと過ごしてみたりすると、思いがけずアイディアが浮かぶことは、多くの人に思い当たる経験かもしれない。注意を要する課題よりも、注意を要さずにぼんやり過ごしていると、マインドワンダリングが起きやすい。そして、マインドワンダリングが高頻度で生じていた人は、他の人とは異なる独自性や、発想の柔軟性の点で、創造的な問題解決を行っていたとの報告もある(7)。

ただし、ただ単にマインドワンダリングに身を委ねるだけでは、それはインキュベーションの働きを果たしてはくれないかもしれない。インキュベーションが孵化という成果を生むためには、マインドワンダリングがまったくの無方向ではなく、課題解決に向けて自然に方向付けられていることが必要だろう。だから、解決に向けて対話していたり、沈黙しつつも熟考していたりした後でこそ、マインドワンダリングはインキュベーションとなると思われる。

7　おわりに

日常生活における学びに、対話と沈黙がもたらす影響について、カウンセリングを素材にして検討してきた。この小論の背景には、対話を奨励することに対する、筆者の一抹の迷いがある。カウンセリングは歴史的に「お話療法」ともいわれたほどだから、対話の重要性を疑いはしない。しかし、「なかなか話してくれない人から、どうしたら本音を引き出すことができるのか」とカウンセラー志望の人に尋ねられると、答えに窮する。たしかに、カウンセリングの場で、口の重い相談者もいる。しかし、「引き出すこと」を狙えば狙うほど、相談者の口は重くなりがちである。悠長に聞こえるかもしれないが、カウンセリングでは、対話のために、時が熟すのを待つ。つまり、人の回復や発達に際して、対話の働きに希望をもつためには、沈黙の働きにも相応の配慮をすることを要すると思う。

カウンセリングのこと以外にはおよそ不案内な筆者でも、その隣接領域に目を向けると、そこで生じていることの仕組みや働きについて、新たな発見がある。本章では、「学び」における対話と沈黙について、カウンセリングに関する臨床心理学の知見を出発点に、問題解決や記憶、創造性に関する認知・発達・教育心理学の知見を参照しながら、領域を広げて考えてみた。広く人間が関わるテーマについて、心理学や教育学のような個々の領域を定めて掘り下げるだけではなく、むしろ領域を広げて見渡すと、今までとは違う地平が見えてくる。異なる頂きの山々が、実は地続きであることに気づかされる。こうした頂きを仰ぎ見る領域固有の専門性とともに、地平を見渡す領域横断的な学際性を視野に入れることは、新たな知恵の獲得に通じるかもしれない。ここまで黙って読んで頂いた読者の皆様には、ここに書かれたことについて誰かと話し、さらに考えて頂ければ嬉しい。

引用文献

（1）フィンク・B（二〇一二）．（椿田貴史・中西之信・信友建志・上尾真道訳）『精神分析技法の基礎：ラカン派臨床の実際』誠信書房

（2）Killingsworth, M. A., Gilbert, D.T.（2010）. A wandering mind is an unhappy mind. *Science*, 330, 932–932.

（3）真栄城輝明（二〇一一）．『臨床心理士による「内観」をめぐるはなし――人間関係のふしぎ』静岡学術出版

（4）野村晴夫（二〇一四）．生活史面接後の「内なる語り」――中高年の不随意的想起に着目した調査．『心理臨床学研究』三二、二三六–二四六

（5）Smallwood, J. Schooler, J.W.（2006）. The restless mind. *Psychological Bulletin*, 132, 946–958.

（6）Staudinger, U. M., Baltes, P. B.（1996）. Interactive minds: a facilitative setting for wisdom-related performance? *Journal of Personality and Social Psychology* , 71, 746–762.

（7）山岡明奈・湯川進太郎（二〇一六）．マインドワンダリングが創造的な問題解決を増進する．『心理学研究』八七、五〇六–五一二

参考図書

・ロブ・アンダーソン、ケネス・N・シスナ（二〇〇七）（今井伸和・永島聡訳）『ブーバーロジャーズ対話』春秋社

稀代の思想家と心理療法家が、対話をテーマに繰り広げた対話が収録されている。カウンセラーと相談者という役割の固定されたカウンセリングにおいて、対等な対話が成り立つのか、考えさせられる。

・マイケル・コーバリス（二〇一五）（鍛原多恵子訳）『意識と無意識のあいだ――「ぼんやり」したとき脳でおきていること』講談社

ふと気づくと目の前のこととは別のことを考えているような、マインドワンダリングのメカニズムや働きについて解説されている。ぼんやりしがちな人、昼間でも夢見がちな人は、本書を読むと、少しほっとするかもしれない。

・ドナルド・A・ショーン（二〇〇七）（柳沢昌一・三輪建二訳）『省察的実践とは何か――プロフェッショナルの行為と思考』鳳書房

建築家や教師、心理療法家等のプロフェッショナルが、仕事のさなかに自身を振り返ることを通じて熟達する様子が解説されている。学校の勉強とは少し違う、現場のおとなの学びを知ることができる。

第2部

学び、教える場としての学校

第5章　外国の教育から学ぶ

園山　大祐

1　比較教育研究のはじまり

比較教育には、二つの目的がある。一つは、他の事例から自らの教育制度について理解を深めること。もう一つは、複数の事例から「普遍性」や「法則」を明らかにすることにある。本章では、最初にヨーロッパ（フランス）を事例に比較教育研究の発展についてのべる。次に近年のヨーロッパ連合にみる教育制度改革の法則にみる課題（国際指標化・平準化の危険性）を俯瞰したのち、フランスの早期離学（中途退学・学校不適応・不登校）を事例に近代学校教育の課題について巨視的に接近することで外国教育（国際比較）研究の意義を検討してみたい。

一八一七年の『比較教育に関する著作の草案と予備的見解』において初めて比較教育という

用語を用いたことで、多くの比較教育研究者がマルク＝アントワーヌ・ジュリアンの名を知ることとなった。[20]そしてジュリアンが主張した事実にもとづく観察とデータ収集による「観察所見比較表」の作成の重要性が示され、各国や国際機関に引き継がれた。それは後に国際機関における教育指標（ＩＳＣＥＤなど）の原型となった。しかし、フランス語圏比較教育学会（ＡＦＥＣ）の一九九八年大会においてグルーとポールは、フランスの大学における教育学の位置および比較教育の存在は決して古くはなく、また安定したものではないことを指摘したところである。[22]フランスの大学史において教育諸科学が認められたのは一九六七年であり、現在においても二〇余りの大学にしか教育諸科学科が認定されていない。そのなかで比較教育研究の講義実績は、パリ、カーン、リヨン、リール大学などに限定される。植民地やユネスコの影響もあり、これら比較教育研究の内容も多くが発展途上国の比較であった。一九九〇年代になってようやくリヨン大学やブルゴーニュ大学では、ヨーロッパ諸国や、ＯＥＣＤ（経済協力開発機構）加盟国の比較研究が行われるようになる。ただし、学問的な地位は得られておらず、あくまでも講義担当者によるものであり、担当者の異動や退職に伴い、講義が継続されないことも多い。この点は教育諸科学全般に当てはまるフランス固有の課題である。

さて、このような状況下で、フランス語圏比較教育学会は、一九七三年に設立された。[28]ＡＦＥＣは、研究を目的とした団体で、フランス語圏を対象とした国際団体である。近年、新たに定期刊行されている特集号では、フランス語圏の特徴が突出しているわけではなく、むしろ過去一五年においては積極的に英語圏との共同研究が行われている。第三号は、グローバル化する世界における比較教育の意義についてそれぞれの研究者より回答を得ている[1]。一つには、古くからある伝統的な比較教育の方法論と概念の再適応をいかに行うべきか、もう一つは、新しい研究に対する新たな目的への焦点化について述べている。

その回答の一つは、国民国家を単位とするのではなく、多層な次元による比較の重要性である。マンゾンらは、比較の次元とレベルを示したブレイとトーマスによるキューブ（＝三次元）モデルを使って比較の単位および地理的場所に関して言及し、共通問題として比較の単位について再検討の必要を唱えている。キューブモデルでは、ミクロなレベルにおける学級、学校からマクロなレベルにおける国際組織に至るまで比較すること、地理的要素以外の生態グループ（人口、年齢、宗教など）、また教育と社会の諸側面（カリキュラム、教育財政、政治変動、労働市場など）の意味が問われている。マロアは、ＥＵ（ヨーロッパ連合）の加盟国間における教育政策の「レギュラシオン＝調整」比較を行った研究を紹介しつつ、その難しさ、多様さについて言及している。この間にみられる超国家機関の統制が著しいだけに、ＥＵあるいはＯＥＣＤによるベンチマーク（数値基準目標）の役割、裁量的政策調整（ＯＭＣ：最良の実践を普及し、主要なＥＵ共通目標に向けたより一層の一致団結を実現するための方法（二〇〇三年五月ＥＵ欧州理事会採択 8981/03））などの広まりは、比較教育研究の新たな量的および質的調査のバランスが求められることになったとしている。キュッソは、こうした国際機関による指標の比較可能性は、統計の平準化を招き、引いては教育政策の一元化を招いていると警鐘を鳴らしている。

　またロバートソンらや、ウェルチは、比較の際における「他者」、「他文化」への配慮、他者から見た視点、他者における知識といった観点、「他者性」への気づきが重要であり、自民族中心主義からの脱却に注意を置いている。無論、ドゥグローヴが指摘するように、南北比較は本当に可能なのかということも重要な論点であり、従属理論による課題が未だに克服できていないと言う。他方、ウェルチは、研究者のディアスポラにみる比較教育のアジア地域における目覚ましい発展に希望を導こうとしている。こうした第三世界あるいは南側の研究者の存在に注目し、彼らの研究成果を取り込む努力についても指摘されている。事実、近年ＡＦＥＣはアフリカにおいて年次大会を開催し、アフリカ出身の研究者を積極的に受け入れ、彼らの研究成果を発信する役割を担っている。こうした多次元的な比較の単位および他者性を取り入れた比較研究がグローバル化した教育時代には必要であり、そのためには南北間、国家間、地域間、学校間、教師・生徒・保護者間などの多様な対話が求められる。これまでの国民国家を基本とする考え方を脱却しなければならない。比較の単位を選択する理由づけがとても重要となろう。また他の文化、意見、知識などに耳を傾け、鏡としての比較の視点が明らかにされなければならない。そして教育共同体の一員であるすべての当事者に耳を傾けることが比較研究者には求められ、これこそが、植民地主義や自民族中心主義に対する反省であり、比較教育の研究倫理であるとする。

レズニクの序文の最後にあるように、ＡＦＥＣを始め世界の南側の地域圏にある比較教育学会の連携が今後の比較教育研究の発展には欠かせないように感じる。ＡＦＥＣは、フランス語を共通の作業言語としつつ、脱植民地化に向けて他の英語圏や、アジア、オセアニア諸国とも繋がりを模索している。積極的に新たな比較研究の地平を拓こうと努めている点に今後の発展性を見出せる。

２　ＥＵの教育政策はモデルとなるか

戦後の反省から、ヨーロッパでは恒久平和のための国際組織としてＥＵが誕生したのは周知のことだが、先の比較教育研究者が明らかにしているように、指標作りによる平準化の危険を最も体現しているのもＥＵである。ここでは、ＥＵの教育政策の変遷から検討してみたい(25)。

ＥＵは一九五一年に、ベルギー、フランス、旧西ドイツ、イタリア、ルクセンブルク、オランダの六ヵ国で調印され、一九五二年に発効した「欧州石炭鉄鋼共同体（ＥＣＳＣ）」に始まる。一九五七年三月二五日に調印された「欧州経済共同体（ＥＥＣ）条約」と「欧州原子力共同体（ＥＵＲＡＴＯＭ）条約」から六〇年以上経過した。二〇一三年に、クロアチアが新規に加盟して、五億人の大経済圏となる。

今日のヨーロッパは、ＥＵという地域統合と同時に、文化の多様性を尊重するという二つの社会問題を抱えている。今世紀新たに加盟した国は、人口的には大国とは言えないが、民族、言語的には多様な国である。「ヨーロッパ人」をひとくくりに定義することは益々難しくなっている。ヨーロッパ統合とは、こうした多様な文化圏の、経済以外の政治、社会、教育における調整をも意味する。この文化の多様性を象徴していることの一つに言語がある。[27]言語政策が、よりはっきりと明記されたのは、「ＥＵ基本権憲章」である。[16]なお、その後「ＥＵ基本権憲章」は、「欧州憲法条約」に組み入れられた。二〇〇七年からは、基本権庁を創設し、ＥＵ理事会事務総長兼共通外交安全保障政策（ＣＦＳＰ）上級代表の人権問題担当個人代表ポストを新設した。[13]第二二条では、言語、宗教、文化の多様性への尊重が謳われ、その二一条では、いかなる差別も許されないとしている。[18]あるいはマーストリヒト条約の一五一条の文化に関する条文である。

第一五一条第一項：欧州共同体は、構成国の国内的及び地域的多様性を尊重すると同時に、共通の文化遺産を前面にだしながら、加盟各国の文化の繁栄のために寄与する。

第二項：欧州共同体による措置は構成国間の協力を助成しかつ必要に応じて以下の分野においてそれらの活動を支持し補完することを目的とする。

第三項：欧州共同体及び加盟国は、第三国及び文化分野において権限のある国際機関、とりわけ欧州評議会との協力を促進する。

第四項：欧州共同体は、この条約の他の規定に基づく措置を執るに際して、文化的局面を、特に文化的多様性を尊重し、促進するために考慮する（下線は引用者による）[30]。

この憲章の精神は、二〇〇一年の「欧州言語年二〇〇一」による一般市民への啓蒙活動として引き継がれ[8]、二〇〇二年三月のバルセロナ欧州理事会（European Council）で、欧州委員会（European Commission）に提案され、一九九五年以降教育白書で言及された「少なくとも母語以外に二つの外国語の学習の機会を保障する」ことが具体的な教育目標とされた[7]。また、この二〇〇二年二月一四日付決議[19]の教育閣僚理事会においてヨーロッパの教育制度の目標達成のモニタリングを行うことを決定し、基礎能力の一つに外国語の能力が組み込まれたことがより言語教育の政策を加速化させていくことになった。（なお、langue, language の訳語として「外国語」としているが、原文では母語以外の言語すべて（公用語、地域語、少数言語など）を指していることもある。あるいは、言語教育というときに、母語（「国語」）教育はその範疇には含まれない。）そして二〇〇三年七月二四日の採択に結びついていった（「外国語の学習と言語の多様性の促進計画：二〇〇四–二〇〇六年行動計画[4]」）。こうした目標は、二〇〇〇年のリスボンで行われた欧州理事会において決められ、後述する経済戦略を「リスボン戦略」と呼ぶ。このリスボン戦略の下「教育と訓練二〇一〇（E&T 2010）」という二〇一〇年に向けた教育の到達目標が、先のバルセロナ欧州理事会で数値目標として示された。(9) 質的評価を行うための指標は、二〇〇二年のバルセロナ欧州理事会で、三つの戦略目標と一三の目標が採択され、二〇〇四年から二〇〇六年の三年間掲げられたが、新たな目標を定める必要が生じたため、二〇〇七年に八つの分野に分けて二〇の指標が定められた。(5)

３　国際指標の精緻化とモニタリングの導入

二〇〇二年の理事会で設計された「リスボン戦略」は、国際機関が築きあげた教育指標の開発によるところが大きい。それは一九九四年以来の定期刊行物の一つである『ＥＵ諸国の教育統計』に現れている。無論、ＥＵ独自に開発されたものではなく、これら教育指標は、世界的に比較可能なデータとしてＯＥＣＤやユネスコ等とも連動して開発されてきた。ユネスコの『教育統計年鑑』にみられる国際教育標準分類（ＩＳＣＥＤ）は一九七八年から始められた。しかし、渡辺(32)によると、グローバル化する社会においては、量的な統計比較以上に、先進国では質的な比較を可能とするデータが必要となってきたため、一九八八年にＯＥＣＤの教育事業として教育制度における国際指標（ＩＮＥＳ）が設置され、就学率や教育費だけではなく、カリキュラムや教員、学習到達度、教育財政などについても指標の開発が行われた。先述したジュリアンの

「観察所見比較表」の実現である。国際指標は、日本においても目にする『図表でみる教育』

（Education at a Glance）や、生徒の学習到達度調査（PISA）など先進国との比較において広く引用されるようになった。

こうした動向は、今日の知識基盤社会としてのEU域内における労働市場の開放（欧州単一市場）によってさらに、ヨーロッパでは人的資源の確保が経済発展の使命として、政治的関心が高い事項となった点からも関心は高い。そのため、二〇〇〇年三月のリスボン欧州理事会より、「競争力のある、ダイナミックな知識基盤型経済」の実現に向けた二〇一〇年までの一〇年間の共通戦略目標と、二〇〇三年五月の欧州理事会において五つのベンチマークを採択し、二〇〇五年にイタリアに教育指標をモニタリングする生涯学習研究所（CRELL）が新たに設置された。このようにEUでは、教育政策の調整および深化が図られている。

二〇〇〇年以降は、教育のヨーロッパ空間を築くための各教育制度に向けた共通目標の調整期と言える。[3] それは一九九九年九月、フィンランド議長国の下、タンペレで開催された教育閣僚理事会で確認され、同年一一月二六日に議決された行動目標の計画にある。つまり、半年ごとに変わる議長国に左右されることのない中・長期的な計画を作成し、優れた実践、経験、情報の共有化をより効率的に図ることを目的とし、三つの優先課題が決められた。一つは、雇用政策における教育と訓練の役割、二つには、すべての教育段階における教育と訓練の質の開発、三つには、資格と期間の認証を含めた流動性の促進であった。

ここでは、第二の教育と訓練の質の開発について補足しよう。なぜならこの質の開発とは、後にみるベンチマークおよび指標の開発に結びつくためである。EU本部の教育・文化総局分析・統計・指標課長のヒンゲル[(15)]によれば、一九九五年の上半期のフランスと下半期の議長国スペインにまで遡ることができるとする。これら議長国が指示した生徒の学習到達度の評価や、学校の外部評価、自己評価といった研究課題が教育の質の問題として浮上し、欧州委員会はより一般的な学校教育の問題に関心を持つようになる。そのコミッションは一九九六年と一九九八年に二つの提案を勧告している。その一つは透明な質の保証システムというもので、評価機関の自律性や、外部・内部評価の組み合わせなどについて構築することとしている。そしてこれを実際に一〇一の中等教育段階の学校において実施している。こうした実践は、すでに高等教育でみられた一九九八年のパリ宣言および一九九九年のボローニャ宣言の経験に裏打ちされていたことが円滑に促進させたという。

これは、これまでの教育におけるヨーロッパ的次元とヨーロッパにおける協調政策が、深刻かつ緊急な共通課題として「教育の質」を問題にしたことが背景にある。さらに言えば、経済・雇用促進政策として教育に注目したことが最大の要因と言え、「補完性の原理」のなか、共通項を見出したと考えられる。EUと構成国との関係で、一九九二年のマーストリヒト条約が定めたのが補完性の原理である。EC条約第3b条は、「共同体は、この条約により自己に与えられた権限および設定された目的の範囲内で行動しなければならない。共同体は、その専属的管轄に属さない分野については、検討されている行動の目的が構成国によっては十分に達成され得ず、かつその行動の規模また効果からして共同体による方がより良く達成する場合には、補完性の原理に従って行動する。共同体によるいかなる行動も、この条約の目的を達成するのに必要な範囲を超えてはならない」と定めた[31]。つまり加盟国の行動によっては目的を充分に達成することが困難で、ECによって同じ目的がより良く達成できる場合にのみ、ECの権限行使が肯定される原理のことである。その際、これらの目標と指標の策定は、すべてOMCによる決定方法によることも大きな点である。

そこで、二〇〇〇年三月、ポルトガルのリスボン欧州理事会は、リスボン戦略と称した向こう一〇年間を念頭に経済・社会政策についての包括的な方向性を示した。その方向性とは、「より多くの雇用と強い社会的結束を伴い、持続可能な経済成長を可能にし得る、知識経済・社会への移行」である。知識社会に向けた教育・訓練の役割が前面に出されることになった。欧州理事会が教育について政策課題を取り上げたのは初めてのことである。このリスボン戦略は、後の教育・訓練分野の「E&T 2010」という呼称で具体化されていく。リスボン戦略は、教育に特定なベンチマークとガイドラインを定めたことにある。そして、このことに対し各加盟国の文部大臣が共通の目標をヨーロッパにおける教育制度のために進めることを確認した。

その二〇一〇年までのベンチマークとは、①早期離学者のEU平均を一〇%未満とする、②EUで読解力の低習熟度者の一五歳児の比率を二〇〇〇年より少なくとも二〇%減少する、③

ＥＵで二〇から二四歳の少なくとも八五％が後期中等教育（ISCED3）を修了する、④ＥＵ内の数学・科学・技術分野の学卒者（ISCED5A、5B、6）の総数を最低一五％増加すると同時に、ジェンダー格差を縮める、⑤ＥＵの生涯学習参加率を生産年齢人口（二五から六四歳）の少なくとも一二・五％以上とする、の五つを指す。

これらの達成度の評価については年次報告書が出され、二〇〇七年では、指標は一六に縮小されている[26]。

そのベンチマークの過去三年間の実績および単年度分の数値において特に優秀な三ヵ国とＥＵ全体の加重平均値（各国の人口規模を考慮）、そしてデータのあるものは日米との比較も表示されていた。欧州委員会は、これらの数値結果は、ＯＭＣ方式を採用しているため、あくまでも目標値であり、未達成の国に対するモデリングの役割でしかないとしている。同様にこれらの下で、職業教育訓練（ＶＥＴ）分野では「コペンハーゲン・プロセス」、高等教育分野では「ボローニャ・プロセス」が進行している。「コペンハーゲン・プロセス」とは、二〇〇二年に採択され、職業教育における加盟国間の協力を強化する目的で、職業教育の充実と、資格の証明の透明性や保証を促進するための開発を促進している。一九九八年の「パリ宣言」で始まった「ボローニャ・プロセス」は、二〇一二年当時四七ヵ国の高等教育機関における教育課程（学士・修士・博士）の調整や単位の互換制度（ＥＣＴＳ）の相互認定を行っている。

4　二〇二〇年に向けたOMCの本格化と平準化のリスク

二〇〇九年五月には、「E＆T２０１０」のフォローアップとして、欧州理事会決定「教育・訓練における域内協力のための戦略枠組（「E＆T２０２０」）」が発表され、二〇一〇年から二〇二〇年までの新しい戦略目標が定められた[6]。

その「E＆T２０２０」の五つのベンチマークでは、第一に、四歳から義務教育開始年齢までの児童の九五％を就学前教育に就学させること。第二に、一五歳児における読解、数学、科学の学力の低い生徒を一五％未満にすること。第三に、早期離学者を一〇％未満にすること。第四に、三〇-三四歳の高等教育修了者を四〇％以上にすること。第五に、二五-六四歳の成人の一五％以上を生涯学習へ参加させることが目標とされた。

これらを受けて、二一世紀に相応しい学校を考えるために、二〇〇七年に研究グループが立ち上げられ、ヨーロッパの教育の課題を具体的に調査し、その現状分析にもとづいた教育政策を打ち立てている。それは「知のヨーロッパ」の具現化であり、ヨーロッパ市民の育成であり、同時にヨーロッパ次元の教育政策としての具体的な市民像でもある。八つのコンピテンシー（能力・技能）とは、母語でのコミュニケーション、外国語でのコミュニケーション、数学と基礎的な科学と技術、デジタルコンピテンシー、学び方の学習、社会的・市民性コンピテンシー、自発性と起業家精神、そしてさまざまな文化に対する表現と感性となっている。以上八つのキー・

コンピテンシーを基に、それぞれの国の教育政策に反映させ、優れた実践をモデルに調整を図ることになっている。これらのコンピテンシーを、どのように各国の学習指導要領に反映するかは自由であるが、一つの共通した市民像ないし、学力観を形成しており、優れた実践をモデルとするＯＭＣ方式を採用しているため、「Ｅ&Ｔ ２０１０」とは違ってかなり具体的な教育内容にまで踏み込んでいる。

「戦略ヨーロッパ二〇二〇」の項目の一つである向こう一〇年間で二〇〇〇万人の移民と貧困層を救うための社会的包摂政策の一環として教育政策に何ができるか。

このような格差是正への教育対策として、学校における教授言語の補習、就学前教育の徹底、個別ニーズに対応した教授法の導入、職業教育への確かな移行、個別支援教育の拡充、情報技術の活用、保護者や地域社会と学校の連携、各種教育団体の活用、教員養成の質の向上、異文化理解の促進、第二言語としての教授言語の教授法の活用、移民や貧困層の集住を避け、分散させ、校内の社会混交を高める、臨床心理士、精神科医、ソーシャルワーカーなど専門家の介入、奨学金の導入、セカンド・チャンス・スクールの普及などがあげられている。

ＥＵの教育政策の歴史的変遷において、これまで補完性の原理を理由に、各国・地域の教育政策に触れる政策方針を避けてきた風潮があったが、今回みられたように、欧州理事会に加えて、特定の議長国と文部大臣のイニシアチブが基になって教育における共通課題（ボローニャ宣言、リスボン戦略、Ｅ&Ｔ ２０２０）が見出され、超国家機関としてヨーロッパ空間における教育の政策動向を作り出している。その深化の鍵となるのが、二〇〇〇年から導入されたベンチマークおよびＯＭＣ方式である。また、一九九〇年代後半（ルクセンブルグ・ジョブ・サミット）より雇用戦略として教育・訓練政策を決めるといった人的資本論を基盤とした教育経済学的な思想が支えとなっている。[33] つまり、教育・訓練政策が恒久的なヨーロッパ市場をより安定するための共通目的化にある。ヨーロッパ市民の育成に向けたＥＵにおける教育政策、教育制度を支えてきた文部大臣会議やシンクタンク（Eurydice、CRELL、CEDEFOP）などの組織化と調整にある。今後は、これら二〇二〇年に向けたベンチマークの分析結果が、各教育政策決定機関ないし政策立案者にどう影響を与えるのか、ガバナンスのあり方として注視していくことが求められる。またＯＭＣとして優れた実践とされた学校、都市、国の取り組みが、ＥＵ内の評価基準として採用されている。この点は、ヨーロッパの同質化を形成し、異質な者を周縁化するエネルギーに発展しかねない。特にニート、障がい者、難民や移民の排斥運動になりかねないため、数値目標の達成のために、経済発展にそぐわない市民を排除する風土を政策が生み出さないよう注視する仕組みも必要である。

5　誰のため、何のための学校教育か

これまでみてきたように、ＥＵでは数値目標を設定し、共通のものさし（価値基準）で評価しようとしている。しかし、例えば不登校と言う現象をどう定義するか、一国内でもさまざまである。日本では隠れ不登校と言われるように仮面登校（教室外、保健室、部分登校）が認められているが、その判断は各学校や教育委員会に委ねられているため、正確な数値の把握は困難である。不登校を減らそうと思えば、各学校の校長に仮面登校を認めるよう、行政通知を行うことで、数値上不登校者数は減少するが、問題の把握も解決にもならない。そもそも、フランスのように「義務教育」といっても就学義務がない国と、ドイツのように就学を義務づけている国では異なる。フランスでは、「教育義務」はあっても「就学義務」はないため、保護者に公立学校、私立学校、家庭教育の中から選択権が与えられている。なお、初等教育を最初に義務化した一八八二年三月二八日の法律の四条「満六歳から一三歳までの男女いずれの子どもについても義務である」として以来、国籍に関係なく教育の機会が保障されている。[21]他方、日本では、就学義務は、日本国籍保有者に限定される（憲法第二六条）。この点は、今後外国人生活者が増えていくと、必然的に義務教育年齢の外国籍児童が増え、問題化する。さらには就労上の問題が外国人の子孫にも及んでくることが危惧される。

ＥＵは、二〇二〇年に向けた政策課題として一八－二四歳のうち前期中等教育またはそれ以下

で教育・訓練を離れ、その後の教育・訓練を受けていない「早期離学者（ＥＳＬ）」を一〇％未満にするとしている。[12] そのため、各加盟国は、若者の高卒修了資格者数を増やすよう務めている。しかし、多くの国では高校入学試験はなくとも、高校修了国家試験が課され、合格しないと無資格退学となり、早期離学者となる。加盟国の義務教育が高校修了を要件としている国は少ない。また就職に必要な国家資格を高校が網羅できているわけでもない。あるいは、中学、高校をストレートに進学し、卒業しなければいけないわけでもない。進路選択には多様な選択肢が用意されるべきであり、早期に退学した人をマイナス評価する必要はない。しかし、ベンチマークでは、一〇％未満の国がモデルとされ、優れた教育制度とされている。ＥＵ二八ヵ国には異なった経済水準、労働市場や、学校教育の歴史がある。職業訓練などは、必ずしも学校が担ってきたわけではなく、職人の世界として機能してきた国や地域もあるだろう。こうした多様な価値観と伝統や制度を、ベンチマークによって失う危険性もある。

イリッチが『脱学校の社会』において展開した学び（教育）の制度化に対する批判から、むしろ自律的な人間とより相互親和的（convivial）な社会の形成を目指すための脱学校化のすすめがヒントとなる。イリッチは、その著書のなかで現代の教育の危機として、「公的に定められた学習をどんな方法で実施するかということよりも、むしろ個人の学習すべき内容や方法を公が決定できるとする考え方そのものの検討が必要なこと、（略）、中途退学者や、中途退職者の割合、特に中学校生徒の中途退学者と小学校教師の中途退職者の割合の大きいことを考えてみれば、国民が全く新しいものの見方を求めていることがわかる」[17]と述べている。

では、フランスの早期離学を例に考えてみよう。一九八〇年代初期に三五％いた早期離学者は、二〇一七年現在八・九％まで減少し、中等教育が大衆化したため、同一世代の九一％が何らかの資格を取得している[24]。そのため一〇％を切った早期離学率は、教育制度の構造的・本質的な問題（郊外、移民、低階層への不公正さ）に起因すると考えたい。つまり、早期離学する理由は多様で、積極的な進路選択の一つで、必ずしも教育病理、学業の挫折・失敗とは限らない。むしろ、教育制度の過度な学校の制度化（l'institutionnalisation）に抗する教育のあり方を問題提起していることもあり、離学には積極的な意味づけも可能である。そこで代替教育として何が考えられるか、直接進学しない進路決定に対するセカンドチャンスとして、どのような学校教育や学び方が必要なのか考えることが求められる。

フランスの学校教育史に一つのヒントがある。学校教育の自律的経営の根底には、一九世紀に始まるフランスの労働運動史にみる、労働者自身による自主管理の闘争が背景となっている。階級社会にあって、抑圧的な社会組織に対する闘争は、権力の階層化を廃棄することを目的とした社会革命として、労働、余暇、私的生活などにおける人間同士の関係の根本的な捉え直しにあった。そのうえで、学校教育も例外ではなく、自主管理の思想の実践の場であり、将来の労働者の育成を担う場として位置づけられ、自主管理社会主義の構築に欠かせない教育改革運動の場であった[23]。社会学は、ゴブロ、ブルデュー、ブードンを始めとした先行研究に従って、フランスの教育制度がもつ学校エリート主義的なグランゼコール（エリート官僚養成としての高等教育機関）を頂点とするピラミッド構造による官僚養成モデルを批判してきた。そのため、教育界ではこうした支配階級の再生産構造を学校の制度化が産み出してきたことに抗する教育実践として教育思想家のフレネやウリーらに関心が集まった。彼らは、学校教育の自律的経営（la pédagogie autogérée, l'autogestion administrative et pédagogique）という新しい教育論の構築を目指したからである。

フレネ教育の特徴は、新しい関係性にあり、教師・児童と教育的素材、児童と環境、児童相互間の関係様式を築きあげようとしたことにある。学校共同体の構成員が中心となって教育方法や内容を決めるところにある。協働を鍵概念とし、授業計画の共同管理、自己評価し、自らの手で教育を行うことを目指すのである。こうしたフレネ教育の中の一派に教育学と精神分析を融合させようとしたグループがいた。それがウリーとヴァスケスによる制度主義教育（la pédagogie institutionnelle）である。制度主義教育を端的にまとめれば、教える者と教えられる者という恩恵主義的・権威主義的関係を廃棄し、「いかに教えるか」から「なぜ教えるか」に転換し、教室では教師が教えるのではなく、教育が何でなければならないかを決定し、それを管理するのは「教えられる者」とする[23]。学校の自律的経営は、庶民地区の学校でこそ重要な意味をなし、被支配層出身家庭が資本主義社会体制における学校の機能を教師と一緒に問うことによって教育的意味があるとしている。

こうした革新的な学校の設置は、二〇〇〇年のラング国民教育大臣の下、「学業達成と革新委員会（ＣＮＩＲＳ）」の設置によって全国に広げられていく。[2]当初、グルノーブルの中高一貫校（ＣＬＥＰＴ）のチームが中心となり、二〇〇〇年六月にセナール市に最初の高校（ミクロ・リセ）を認定し、以後全国化していく。一九八二年、ミッテラン政権時代に、全国に四つの実験校を認可したうちの一つが、Ｇ．コーン＝ベンディによるサン＝ナゼール実験高校やパリ一五区のオートジェレ高校など自律的経営（autogéré）をモデルにしている。これらは、一九六〇年代のフォンヴィエイユとウリーの制度主義教育とフレネの教授法の流れを受けたものである。こうした生徒と教師が民主的に学校の教育内容や方法を協議して決める自律的経営の実践を通じて育った教師たちを中心に、ＣＮＩＲＳは全国の各大学区にミクロ・リセや革新学校の普及に務めている。二〇〇六年には「フランス革新学校連盟（ＦＥＳＰＩ）」が国民教育省と締結し、教育基本法第34条にもとづいて学校の設置認可などを決めている。[14]

6　早期離学対策からみえるオルタナティブな学校・教育の保障とは

ＥＵ加盟国の中でフランスは、早期離学のベンチマークを達成できている国として評価されている。[11]そこには学校とは無関係な国防・軍事省や連帯・保健省などの取り組みもある。教育制度の過度な学校の制度化に抗する教育のあり方として代替教育として、直接進学しない進路決定に対するセカンドチャンスとして、どのような場が検討されたのかみていきたい[29]。

先述したとおり公教育機能の拡大化により、フォーマルな教育として革新的な実験校が一定程度認められてきた。これらは、一定の入学選抜を経て、一定期間離学した若者を復学させ、資格取得ないし雇用に結び付くことが目指されている。教師と生徒が協議しながら自律的な学校経営を認めている。他方、職業資格というより、労働に向けた準備期間として、インターンシップが重視された交互教育による訓練機関がある。しかし、早期離学者の一部には、こうした教育訓練には馴染みにくいフォーマルな教育訓練機関から漏れた若者は、ノンフォーマルな教育訓練機関として、自治体が用意しているものや、他省が用意している施設があり、直接資格や就職につながらなくても、一年以上の長期にわたり社会生活や、学業から離れた義務教育後一〇年の二六歳くらいまでを対象に受け入れている。こうした学校様式から逸脱した生徒にとっては、親しみやすい居場所とされている[10]。これらノンフォーマルな教育訓練機関は、EUの指標では数値化できないが、どのような利用者がいて、どのような受入態勢なのか、その後どういうフォーマルな教育訓練あるいは職業参入に導けているか、資格社会のヨーロッパにおいて興味深いところである。

ただ、依然オルタナティブな機関名はフォーマルな学校教育に拘りを見せるフランスだが、その教育訓練機関の実態はより多様で、教師-生徒関係が転換されている様子もみられる。こうした機関や措置を支える教師が、任意による異動のため、自らの意志で学業困難な生徒に理解を示し、新しい教授法の取り組み次第で学習の意味づけを生徒に伝えることができている。つまり、これまでの教える者と教えられる者という権威主義的関係ではなく、「いかに教えるか」から「なぜ教えるか」に転換し、教室では教師が教えるのではなく、教育が何でなければならないかを生徒に決定させ、それを管理するのも生徒である（実験学校や自律的学校の特徴）。フランスの早期離学の現象は、学校教育の構造や体質そのものを再考する機会を与え、学校経営そのものを転換させた点が評価できる。早期離学者を受け入れることでさまざまな実験校や革新的な教授法が誕生し、そこで学びや労働に目覚める若者がいることは大きな成果である。

他方、ヨーロッパの早期離学者に向けたセカンドチャンスとして用意されている職業訓練機関に課題がないわけではない。それは、早期離学率が新たな社会的排除の指標となる危険性にある。セカンドチャンスの保障という名の下によるふるいにかけられ、やる気のない、無能な人材の選抜機能として早期離学者をあぶりだす危険がある。特に障がい者、難民、移民、外国人に対して年齢と年数制限が設けられているセカンドチャンスは厳しい制度とも言える。例えば二五歳までの資格未取得者や、取得意志のない外国人の強制退去や生活保障継続止めの根拠に使用されてはならない。あるいは義務教育を中退した若者に対し、再度学び直しの機会を保障するものの、その職業訓練資格には単純労働といった就労の選択肢を狭め、早く労働に着くことが目標となり、政策目標数値の達成と一部の労働力不足対策に利用されることがあってはならない。単純労働者不足を補うための教育訓練機会保障とならないように注視しなければならない。難民・移民・外国人には、特に個に応じた合理的な配慮の下、必要な年数と本人が希望する進路選択を保障していくことが肝要となる。

７　おわりに

以上のように、ヨーロッパでは教育制度の横断比較を通して、政策の調整も始められている。特に人の流動性を高めるために、教育制度上の障害を取り除くよう努力している。あるいは資格の相互認定なども積極的に行うことで、労働者の自由移動を保障しようと試みている。国民国家の統合装置として公教育は国の専権事項として他国から干渉されることはなかったが、ＥＵでは補完性原理とＯＭＣの下、進められている。その点、一節で示したように、超国家機関から学校単位にまでマクロ、メゾ、ミクロの縦軸比較と横軸に階層、エスニシティ、性などを加え、教授学、行政学、経済学、社会学、歴史学など学際的な研究の切り口を奥行きに並べた三次元の対話（キューブモデル）から国際比較する必要がある。

例えば、国際学習到達度調査などにみられるように、各国のテスト結果には差異がみられる。それが教育制度、教授法、あるいは経済に拠るものなのか定かではない。ＥＵのベンチマークや指標は、教育制度比較を実施するヒントを提供しているが、差異の要因を直接教えてくれるわけではない。

しかし、巨視的にみたときの共通した課題と微視的に見える違いや、方法論による違いはある。国際指標や政策の趨勢をみながら、その異同点に注目しながら、自らの教育制度の特徴を明らかにすることや、国際的な法則を導き出す意義は大きい。

日本の場合、例えば大阪府内の地域格差、学校間の成績格差に対する認識と対策は、欧米同様に重要な教育課題である。しかし教授法や教育制度改革同様に、経済社会文化的背景の違いも重要である。教育課題は、どのような社会を形成するのかという、極めて人文社会科学的な問題である。特に障がい者、移民や社会的弱者との相互親和性、社会的包摂のあり方といった社会正義や社会統合を考えるには学際的で国際的な対話が重要となる。

教育学という学問のみでは、対処しきれない課題であり、人文社会科学の学際性と国際性が求められる。

社会の担い手となる大学生には、社会的な弱者を包摂する補償教育を生涯学習として機能させ、いつでも学び直しが可能な無償教育を、公教育以外を含めてどのように構築できるか、留学生と一緒に、持続可能なグローバルな社会政策として最も必要とされる弱者の未来への投資のあり方を考えてほしい。

引用文献

（1）AFEC（2010）. *Education comparée,* nouvelle série vol.3 L'éducation comparée aujourd'hui : état des lieux, nouveaux enjeux, nouveaux débats

（2）Broux N. et De Saint-Denis É.（2013）. *Les Microlycées*, ESF, 27–41

（3）Commission Européenne（2006）. *Histoire de la coopération européenne dans le domaine de l'éducation et de la formation*

（4）COM（2003）449final, du 24.7.2003

（5）COM（2007）61final, du 21.2.2007

（6）Conclusions du Conseil du 12 mai 2009 concernant un cadre stratégique pour la coopération européenne dans le domaine de l'éducation et de la formation « Education et formation 2020 », 2009/C 119/02, JO, 28/5/2009

（7）Conseil européenne de Barcelone,15–16 mars 2002, Conclusions de la Présidence, partie I, 43,1, COM（2003）449final, COM（1995）590: *Livre Blanc* "*Enseigner et apprendre*"

（8）Décision No1934/2000/CE du Parlement européen et du conseil du 17 juillet 2000, JO L232 du 14.9.2000

（9）Décision du Conseil "Education" du 14 février 2002

（10）Denecheau B., Houdeville G., Mazaud C.（s.dir.）（2015）. *A l'école de l'autonomie*, L'Harmattan, Zaffran J. et Vollet J.（2018）. *Zadig après l'école*, Le Bord de l'eau

（11）European Commission/EACEA/Eurydice（2018）. *Structural Indicators for Monitoring Education and Training Systems in Europe – 2018*. Eurydice Report. Luxembourg: Publications Office of the European Union

（12）EU Council（2011）Council Recommendation of 28 June 2011 on policies to reduce early school leaving（2011/

C 191/01), *Official Journal of the European Union* 1.7.2011

（13）*europe*, winter 2006, pp.10–11, Règlement (CE) No168/2007 du Conseil du 15 février 2007, JOL53/1–14 du 22.2.2007

（14）http://www.fespi.fr/

（15）Hingel A. (2001). Education policies and European governance-contribution to the interservice groups on European governance. *European Journal for Education Law and Policy*, 5, 7–16.

（16）*Charte des Droits Fondamentaux de l'Union Européenne* (2000/C 364/01)

（17）イリッチ I．（一九七〇＝一九七七）．（東洋・小澤周三訳）『脱学校の社会』東京創元社

（18）JO C364 du 18.12.2000

（19）JO C50 du 23.2.2002, 1/3–4

（20）ジュリアン M・A（一八一七＝二〇一一）．（園山大祐監訳）比較教育に関する著作の草案と予備的見解．『比較教育』一四三–一八四　文教大学出版事業部

（21）今野健一（二〇〇六）．『教育における自由と国家』信山社

（22）Leclercq J.-M. (1999). *L'éducation comparée: mondialisation spécificités francophones*, INRP

（23）前平泰志（一九七八）．フランス自主管理社会主義と教育．『教育政策研究』二、四九–六二

（24）RERS (2019) *Repères et références statistiques sur les enseignements, la formation et la recherche*, MEN, 256–257
Eurostat: https://ec.europa.eu/eurostat/tgm/table.do?tab=table&init=1&language=en&pcode=t2020_40&plugin=1

（25）坂本昭・園山大祐（二〇一三）．ヨーロッパ教育の形成と発展過程．近藤孝弘編『統合ヨーロッパの市民性教育』二〇-四〇　名古屋大学出版会

（26）二〇〇四年年次報告書：SEC（2004）73、二〇〇五年年次報告書：SEC（2005）419、二〇〇六年年次報告書：SEC（2006）639, ANNEX（SGIB）

（27）園山大祐（二〇〇七）．複言語主義に向けたＥＵの言語教育政策．『比較教育学研究』三五、一七-三二

（28）園山大祐（二〇一四）．フランス語圏比較教育学会に関する動向．『比較教育学研究』四九、三八-四四

（29）園山大祐（二〇一五）．フランス教育制度における周縁化の構造．中野裕二ほか編『排外主義を問いなおす』一二七-一五〇　勁草書房

（30）正躰朝香（二〇〇三）．『多様性の中の統合』を目指すＥＵ．坂井一成ほか編『ヨーロッパ統合の国際関係論』三一〇-三二一　芦書房

（31）田中俊郎（一九九八）．『ＥＵの政治』一三一　岩波書店

（32）渡辺良（二〇〇六）．『国際的な教育ネットワークの動向と課題――ＡＰＥＣを中心に――』（特別研究促進費：1580007）最終報告書

（33）Wim Kok Report（2004）. *Relever le défi La stratégie de Lisbonne pour la croissance et l'emploi*

参考図書

・**近藤孝弘編（二〇一三）『統合ヨーロッパの市民性教育』名古屋大学出版会**

本書は、ヨーロッパ各地にみられる国家の動揺と、それに対応しつつ民主的な社会を維持・発展させるために展開されてきた様々な教育活動に光をあてたものである。EUと欧州八ヵ国の市民性教育の課題（統合の中の教育と市民、政治的市民の育成、移民の包摂）を追及している。

・**中野裕二ほか編（二〇一五）『排外主義を問いなおす』勁草書房**

本書は、日仏共同研究の成果である。紐帯、連帯、共同性を断ち切り、喪失させようとするあらゆる試みを「排外主義」と捉え、現代フランスを対象として制度、政策、言説等のなかで、どのように排外主義が進みつつあるのかを明らかにしようとしている。

・**マーク・ブレイほか編（杉村美紀ほか訳）（二〇一一）『比較教育研究』ぎょうせい**

本書は、香港大学比較教育研究所が中心となって二〇〇七年に英語で刊行された Comparative Education Research : Approach and Methods の訳本である。「比較」という研究方法の歴史的経緯や研究動向を明らかにしている。本章でとりあげた「キューブモデル」も紹介されている。

第6章　発展途上国の学校と学びの成果

澤村　信英

1　はじめに

世界の国々は、その発展度合いにより、発展途上国（以下、途上国）と先進国に分類されることが多い。そして、世界の人口の八割以上は途上国で生活している。なかでも、低所得国（後発開発途上国）に分類される五〇ヵ国のうち、三四ヵ国はサブサハラ・アフリカ（以下、アフリカ）地域に位置し、貧困率が高い国々も同地域に集中している。

しかし、この発展の度合いは、いったいどのようにして測定されているのだろうか。一人当たりの国民総所得（GNI）や経済成長率という指標は最もよく使われるが、これは国民の生活実態を必ずしも反映していない。例えば、地下資源を有する国は自然と高くなるし、一人当たたりのＧＮＩが増えたからと言って、国民全体の生活が豊かになっているわけでもない。そこで人間開発指数という、保健・教育・所得などの人間開発の側面に関する達成度を測るための指標が考案されたが、このような側面から見ても、アフリカ諸国が低位にあるのは明らかである。

国と国の間の格差は、国別の指標があるのでわかりやすいが、国内にも格差が存在する。アフリカの最貧国でも、国民が一様に貧しいのではない。大多数の国民は貧困であっても、一部の富裕層は存在する。日本の場合、貧富の格差が小さく「一億総中流」と言われた時代もあったが、すでに格差社会であると言われて久しい。このような所得の格差に加え、特に途上国では、地域間や男女間で格差があるのは普通である。さらに言えば、最貧困層にある人々も同じように貧しいのではなく、明瞭な格差がある。国別の指標を使った比較はよく行われるが、そのような平均化したり、累積したりした数値は、こうしたさまざまな格差を覆い隠してしまう。私たちの住む地球は、決して公正な世界ではなく、さまざまな格差が厳存することを再認識することが大切である。

それでは、学校教育について考えた場合、途上国の貧困家庭は、子どもを学校へ送らない、送ることができないのだろうか。実は、これもそんな単純なことではない。貧困から抜け出す方途として、保護者が子どもを学校に送ろうとする事例は多々存在する。限られた家計をやりくりし、教育費用を最優先で捻出するのである。伝統的には、親の教育に対する理解がないため、子どもの教育機会が制約されるようなことが言われてきたが、私がフィールドで経験した限りでは、そういうケースは稀であった。逆に、親が教育を受けることができなかったからこそ、子どもには教育を受けさせたいと考える人々が多かった。ただ、問題は、途上国では誰もが等しく「質の高い教育」を受けられないことである。したがって、就学はしていても、学習していない子どもが多数いることが大きな問題となっている。

本章では、まず国別の統計や国際的に設定された開発目標から教育上の課題を捉え（二、三節）、次に個々の学校現場に目を移し、子どもの学習状況やその成果について見ていく（四、五節）。これらの内容で、アフリカ諸国を参照することが多いのは、途上国の中でもこのような国々が厳しい状況にあること、および私が主な研究対象としてきた地域だからである。特にケニアについては、二〇〇〇年から継続的に調査研究を進めてきた。また、必要に応じて、日本の状況とも対比しながら、議論を展開していく。

2　発展途上国の教育と開発

教育はどの国においても重要な課題である。日本についても同じであり、教育改革は常に行われていると言っても過言ではない。アフリカ諸国をはじめとする途上国では、先進国以上に国家財政の大きな割合を教育に振り向けてきた。それにも関わらず、一九八〇年代は途上国の多くで就学率が低迷し、教育の質が悪化した。この時代は国際開発における「失われた一〇年」とも評されるが、先進国でも経済は停滞した。アメリカやイギリスでは、教育のあり方に危機感をもち、一九八〇年代後半に教育改革が行われている。日本は例外的に景気がよかったこともあり、逆に「ゆとり教育」を推し進め、学習指導要領が改定された。ところが、一九九〇年代後半に入り、バブル崩壊により景気が悪化、さらに国際学力テストにより日本の子どもの学力低下が明らかになり、ゆとり教育の時代は終焉した。

途上国、特に教育の発展が遅れているアフリカに話を戻し、国の開発と教育の関係を見てみよう。アフリカの多くの国々が独立を果たす一九六〇年代前半は、世界的な好景気にも恵まれ、一九八〇年までに初等教育の普遍化（完全普及）を達成する目標がユネスコを中心に設定されていた。多くのアフリカ諸国にとって、開発に対して楽観的な時代だったかもしれない。その当時は、ガーナとマレーシアの一人当たりの国民総生産（ＧＮＰ）に大差がなかった（現在は、一〇倍ほどの差がある）。一九七〇年の大阪万博には、今では信じられないぐらいの数のアフリカ諸国のパビリオンが立ち並んでいた。シエラレオネ館のテーマは、皮肉なことに、「統一、自由、正義」であった。後に述べるように、西アフリカの同国は、一九七〇年代後半から失政や弾圧により経済は破綻状態となり、治安は悪化し、一九九一年からは内戦となった。

この一九六〇年代から一九七〇年代の時代背景として、押さえておくべき事柄が二つある。一つは、一九六〇代初頭に確立した人的資本理論である。これは教育と経済成長の関係を説明したものであり、人が教育を受ければ生産能力が高まり、教育投資は経済発展に不可欠というものである。もう一つは、一九七〇年代に二度あった石油危機（オイルショック）であり、それに伴う一次産品（例えば、茶、コーヒー、銅などの地下資源）の国際価格の下落がアフリカのモノカルチャー経済に打撃を与えたことである。日本では、「狂乱物価」と称される物価の大幅な高騰が起こり、石油関連製品のみならず一部の日常品が品薄となり、家族総出で物資を求める行列ができた。そして、多くの途上国にとっては、一九八〇年代の「失われた一〇年」の始まりである。

豊富な地下資源を有するアフリカ諸国であるが、一九九〇年代になり「資源の呪い」という言葉が使われ始めた。豊富な資源を有するがために、逆にそれに依存し、産業が育たず、紛争や政治腐敗が進行するというものである。映画「ブラッド・ダイヤモンド」は、一九九〇年代のシエラレオネを舞台として、政府軍と反政府軍によるダイヤモンド鉱山の支配権をめぐる内戦を題材としている。虐殺と鉱山での強制労働、子どもは教育機会を奪われ、さらに兵士に仕立て上げられる[1]。近年、子どもが不就学に陥る理由は、貧困だけではなく、紛争が大きな要因となっている。

教育の格差については、ジェンダー（社会的・文化的につくられる性差）や地域間の就学率の差から、これまでも議論がされてきた。ただ、教育の質に関わる格差については、質の定義があいまいで、定量化が難しいことなどから、国家統一試験の成績等を除けば、適当なデータが少ない。ただし、世界的に見て、学習成果が著しく低いのがアフリカの子どもであることは、さまざまな国際比較学力調査の結果から明らかになっている[11]。

一方で、所得の格差については、よく使われる比較的信頼できる指標がある。それは、ジニ係数と呼ばれる国内の所得格差、不平等を測る尺度である。格差がまったくなければ〇であり、逆に一であれば一人が社会の富を独占している状態を表す。世界の国を一人当たりのGNIで比べると、低位にあるのは圧倒的にアフリカ諸国であるが、ジニ係数で比べても、高い国はこれらの国々とほぼ重なる。ジニ係数が世界で最も高いのは、南アフリカ（〇・六三〇）であり、ナミビア（〇・六一〇）、ボツワナ（〇・六〇五）と多くのアフリカ諸国が続く（数値は二〇一〇-二〇一七年平均[12]）。これら三ヵ国は、地下資源に恵まれ、アフリカの中ではGNIが比較的高い国々であるが、所得の格差が非常に大きいことを示している。政治家や官僚による汚職の問題も大きい。日本のジニ係数は〇・三二一で、イギリス（〇・三三二）とほぼ同じ、アメリカ（〇・四一五）に比べれば、平等な社会である。

このような格差が厳然とある社会において、アフリカ諸国の富裕層は、政治家と高級官僚が中心である。国内の格差是正は、基本的には内政の問題である。彼らが自ら不利になる政策を実行するとは、残念ながら考えにくい。オックスフォード大学教授のポール・コリアーは、その著書『最底辺の一〇億人』の中で、「残念なことに底辺の一〇億人の国では多くの政治家も高級官僚も悪党である」と述べている[4]。このような現状において、国際社会はいかにこの格差に対応、是正しようとしているのだろうか。

3　国際開発における教育の目標

国際開発とは、一般に途上国の経済や社会開発を指している。そのような開発の領域において、教育は常に最優先の課題であった。貧困と飢餓の撲滅といった課題に対しても、教育の普及との関係で論じられることは少なくない。一九九〇年代までは、「開発のための教育」と言われることも多かったが、近年では教育はそれ自体が目的であり、基本的なニーズ、子どもの権利であると考えられるようになり、「開発と教育」と並置されることが普通になった。

国際的な思潮の形成に影響力を持つのは、国際連合（国連）である。教育が主要な開発目標として広く認識されたのは、「ミレニアム開発目標（Millennium Development Goals: MDGs）」においてであろう。この目標は、二〇〇〇年の国連ミレニアムサミットにおいて採択された国連ミレニアム宣言をもとにまとめられたものである。二〇一五年を目標達成年として八つの目標があり、第二の初等教育の普遍化、および第三のジェンダー平等の推進が教育に直接関係するものであった。これらの目標は完全に達成することはできなかったが、現在は、二〇一五年の国連総会において採択された一七の目標を設けた「持続可能な開発目標（Sustainable Development Goals:

SDGs）」が国際社会にとっての二〇三〇年までに達成すべき目標である。このＳＤＧｓは、先のＭＤＧｓが途上国の開発課題であったのに対して、先進国を含めたすべての国々にとっての目標となった点が重要である。日本においても、ＳＤＧｓに関して、ずいぶん見聞きすることが多くなった。

教育は、ＳＤＧｓにおいて第四の目標に位置づけられ、「すべての人に包摂的かつ公正な質の高い教育を確保し、生涯学習の機会を促進する」ことが掲げられている。この目標の下位に七つのターゲットがあり、その第一は、「二〇三〇年までに、すべての子どもが男女の区別なく、適切かつ効果的な学習成果をもたらす、無償かつ公正で質の高い初等教育および中等教育を修了できるようにする」である。日本の制度で考えると、初等教育は小学校であり、中等教育は中学・高校に相当する。ＭＤＧｓにおいて未達成だった初等教育の普遍化に加え、中等教育までもが対象となり、かつ「無償かつ公正で質の高い」教育であることが要請されている。日本にとってもその達成は難題であり、また「適切かつ効果的な学習成果」が何であるのか、判然としないところもある。学校に通っていることはもちろん、学習の成果が求められているのである。

そして、さらなる難題と混乱を引き起こさせるのは、最後に掲げられている第七のターゲット、「二〇三〇年までに、持続可能な開発のための教育および持続可能なライフスタイル、人権、男女の平等、平和および非暴力的文化の推進、グローバル・シチズンシップ、文化多様性と文化の持続可能な開発への貢献の理解の教育を通して、すべての学習者が、持続可能な開発を促進するために必要な知識および技能を習得できるようにする」である。日本が推進する「持続可能な開発のための教育（Education for Sustainable Development: ESD）」が含まれたことは特筆すべきであるが、社会的文脈により理解が異なる内容を国際目標として設定したこともＭＤＧｓ時代とは異なり、今後、モニタリングや評価をいかに行うか、関係者により議論がなされている。

次節では、このような教育分野の国際目標を踏まえつつ、さまざまな学校現場で起こっていることを紹介し、困難な状況にある子どもと学校との関わりについて考えていきたい。学校はそのような子どもや家族の期待に応えられているのだろうか。

４　困難な状況にある子どもと学校の関わり

途上国の中でも、その発展の度合いにより、相当の格差があることは、先述の通りである。そして、そのような国際的な格差に加え、国内における地域間の格差、あるいはその地域内でも格差があることを述べた。教育についていえば、就学率は教育の普及度を比較するうえで、最もよく使われるデータであるが、学校に登録されている学齢期の子どもの割合を表しているだけで、学習環境などの質的な側面に関しては不明である。さらに、例えば、最貧国のひとつであるアフリカのマラウイの初等教育総就学率は、一四〇％（二〇一七年）にも達している。この数値が一〇〇％を超えるのは、学齢期外の子どもが就学しているためであるが、量的な普及率と言っても、これではいったい何を比較しているのかわからない。

本節では、私が二〇〇〇年から二〇年間にわたり継続的に調査を行ってきた、ケニアのさまざまな初等学校の実情を紹介することにしたい。本来、義務教育を謳うのであれば、政府が責任を持って教育を提供すべきである。しかし、国だけでは公教育を支えることが難しく、無認可の私立校が都市部には数多く存在する。また、政府校であっても学校のある地域の特性により、多様な背景を持つ生徒が通学している。同じ公立の初等学校といっても、運営形態や学習環境はまったく違う。

まず、ケニアの国情を説明すると、アフリカ諸国の中では、比較的発展している国のひとつである（一人当たりのGNIや人間開発指数では、アジアで比べると、ネパールに近い）。首都のナイロビは、一七〇〇〜一八〇〇メートルの高地にあり、冷涼な気候である。多くの日本人が誤解しているのは、赤道直下でさぞ暑いだろうと思っていることである。実は、日本が真夏の七月は、ナイロビでは最も寒い時期で、朝夕には気温が一〇度以下になることも多い。街並みは近代的で、高層ビルが立ち並んでいる（図6-1）。

ところが、その都市中心部からわずか数キロから一〇キロほど離れた場所には、スラムと呼ばれる非正規市街地が一〇ヵ所あることがわかっている。（図6－2）。そして、その内部にも数多くの民間の学校がある。また、国土の東部と北西部は、政治的に不安定なソマリアや南スーダンとそれぞれ国境を接し、二ヵ所の難民キャンプがあり、そこでもケニアのカリキュラムに沿っ

図6-1　高層ビルが立ち並ぶ近代的都市ナイロビ（筆者撮影）

図6-2　貧困層の人々が集住するスラム（筆者撮影）

た教育が行われている。さらに、ナイロビからさほど遠くない南西部には、伝統的な慣習を残すマサイの人々の暮らす地域がある。ここの幹線道路からかなり離れた遠隔地にも学校は存在し、子どもたちは制服を着て通っている。ケニアの国語はスワヒリ語で、公用語がスワヒリ語と英語という位置づけである（二〇一〇年憲法）。初等学校の教科書は、スワヒリ語のものを除いて、すべて英語で書かれており、第四学年以上では、教授言語は英語と定められている。したがって、ケニア人の多くは、英語とスワヒリ語、そして各人の民族語の三言語を話す。

(1)　スラムにある低学費私立学校

スラムを辞書で調べると、都市で貧しい人々が集まって住んでいる区域、貧民街と説明されている。ナイロビの場合、人口（三三六万人）の六割がスラムで生活していると言われており、最貧困層にある一部の人々だけが暮らしている特別な場所ではない。都市生活者の大半が暮らし、住宅費も安く、店の商品も豊富にあり、便利な場所である。電気と水道、公衆トイレも設置されている。人々が集住しているので、ビジネスも発展する。その中で、キベラはアフリカで最大規模のスラムであり、数百以上の援助団体が活動し、人々の生活改善に取り組んでいる。

私はここで二〇一四年から学校の調査を行っている。住民の話では、学校はあちらこちらにたくさんあるということであった。当初、スラムに暮らす人々と外部の支援がいかに繋がりながら学校が運営されているかを知りたかった。ところが、具体的に調べていくと、スラムの住民が自ら設立した学校が非常に多いことがわかってきた。確かに、キリスト教団体やＮＧＯが設立した学校もあるが、住民が主体となり運営する学校も数多くある（図6-3）。学校に行けない子どもが多いのだろうかと想像するが、実際には、スラムに隣接する政府校（一一校）に通っている子ども（男六四一八人、女六六三八人の計一万三〇五六人）と、スラム内にある私立校（一四一校）へ通う子ども（男七八三一人、女八一六〇人の計一万五九九一人）がほぼ同数いることがわかった。[8]

図6-3　NGOから支援を受けたトタン作りの学校
（筆者撮影）

これらの私立校は無認可ではあるが、政府校に比べて質が低いというわけではない。子どもの試験の成績を比較した研究によれば、英語の成績は政府校の方が良いが、スワヒリ語と数学については、私立校の方が上回っていることが報告されている。[2] 政府校はいずれも一〇〇〇人を超す大規模校であるが、私立校は一〇〇〜二〇〇人程度の小規模な学校が多く、教員一人あたりの子どもの数は、私立校が政府校の半数程度である。また、働く教師も同じスラムで暮らしており、生徒や親との連帯意識が強いことが特徴でもある。通常、教師は教える側であり、教育の受益者ではないが、このような私立校の教師であることは、子どもたちを支え、そのことが教師にとってのやりがいと誇りにもなっている[13]。

ここでは、外部からの支援に頼らず、自立的に経営されている学校を紹介したい。経営者は二〇〇六年に中等学校卒業後、叔母を頼ってキベラに移り住んでいる。当初は教会の広間を借りて数名の子どもを教えており、二〇〇八年から現在の場所で学校経営を始めた。スラムであるからこそ安価で土地を「購入」し、中古のトタン板や木材を調達して教室を建設したという。このように格安で校舎を建設できることも学校の設立を促進している。二〇一五年の時点で、生徒数は三五三人（男一六七人、女一八六人）、教員（男三人、女五人）は全員が二〇歳代で、全八学年に一人ずつ雇用されていた。生徒の成績は、政府校に比べても良好で、そのことで転入を希望する生徒が次々と集まってくるという。授業料は月額五〇〇シリング（五米ドル）、教員給与は月額六〇〇〇シリング（六〇米ドル）程度である。これぐらいの生徒規模であれば、仮に生徒の二～三割が滞納しても、外部からの支援に依存することなく経営が成り立つ計算になる。給食代は、朝と昼に、それぞれ二〇シリングを徴収するという。最終学年の八年生（二八人）ともなれば、修了時の国家統一試験に向けた受験勉強で忙しく、朝五時半に登校し、学習意欲は非常に高い。

(2) 難民キャンプにあるコミュニティ学校

ケニアは周辺国からの難民を受け入れている。東部のソマリア国境近くにはダダーブ難民キャンプがあり、北西部のケニア国境近くにはカクマ難民キャンプがある。キャンプのあるケニア内陸東部から北部地域は、高温で乾燥が激しく、気候が農業には適さず、生活は厳しい。カクマ地区の周辺には牧畜民のトゥルカナの人々が住んでいるが、何もなかった乾燥した荒野に、突然、難民（現在一六万人）による都市が出現したことになる。出身国は、五五%が南スーダン、二五%がソマリアであり、スーダン、コンゴ民主共和国がそれぞれ六%程度である。難民キャンプは国連難民高等弁務官事務所（ＵＮＨＣＲ）により管理されており、コミュニティ学校が開設され、教育も提供されている。ここでは、二〇一五年に行ったカクマ難民キャンプでの学校調査の結果を紹介したい。

調査を始めてまず驚いたのは、教育を受けるために難民になったという生徒が多くいたことだ。南スーダンは、二〇一一年にスーダン共和国南部一〇州が分離独立して誕生した。この地域は、長期にわたり紛争が続いていたが、独立後、急速に開発が進むことが期待された。しかし、現実は厳しかった。当時、難民の多くは、スーダン国境に近い南スーダン北部で発生し、避難するとすれば近いのはエチオピアやウガンダになる。それが、ケニア国境まで、バスを乗り継いで一週間かかった、と説明してくれる生徒もいた。質の高い教育を受けることを求めて、難民になることを選び、ケニアのカクマまで親族とともに、あるいは一人で来たのである。

図6-4　カクマ難民キャンプの初等学校高学年の教室
（筆者撮影）

カクマ難民キャンプ自体は、一九九二年に開設されているが、二〇一六年の時点で二二の初等学校がある。ここで特に紹介するのは、比較的最近、二〇一四年に開校した学校で、生徒数六八二六人（男四五九二人、女二二三四人）の超大規模校である（図6-4）。教員は五八人（男五〇人、女八人）であり、そのうち五二人（男四五人、女七人）は自身も難民である。[10] この学校の場合、UNHCRによる管理上の目的もあり、そのうち五九四九人（八七％）が南スーダン出身である。男女間の格差は甚大であるが、これは難民キャンプの問題ではなく、母国である南スーダンの状況を反映しており、その格差は非常に大きいものの、母国よりは緩和されている。

カクマにいる難民の家族や子どもは、教育に対する意識が高い人々が集まっている。実際、初等教育修了の八年生で受験する国家試験では、ケニアの平均点よりカクマの難民の成績の方がかなり良い。ましてや、トゥルカナ県のケニア人生徒よりは、格段によい成績である。地域に元からあった学校に比べ、キャンプ内の学校の生徒の方が、成績が良いという事実は、驚くべきことではなく、このような逆の格差は珍しいことではない。

図6-5　伝統的家屋で両親と生活する初等学校生徒
（筆者撮影）

(3)　マサイの人々が住む平原にある学校

日本では「マサイ族」と呼ばれることがほとんどであり、槍を持ちジャンプをする青年のイメージが強いかもしれない。しかし、現実はまったく異なる。伝統的な遊牧生活を送っているマサイの人々はごく少数であり、そのような「本物」に観光客が会えることはまずない。今ではほとんどの人々は農耕を行い定住し、子どもたちは学校に通っている（図6-5）。仮に、伝統的な服装を身にまとっていても、学校を卒業し、スマートフォンを持ち、英語を話すのが普通である。

しかしながら、未だ女子に対する厳しい文化的慣習が残っているのも事実である。その最たるものが女性器切除（Female Genital Mutilation: FGM）と早婚（児童婚）である。ＦＧＭを娘に受けさせ、親が決めた相手と結婚させるのがマサイの「伝統」であり、初等教育の高学年では、六歳での入学が数年遅れる子どもの場合、一六～一八歳の年齢になっている。学校に通い、子どもの権利を学び、合理的な考え方を持った少女は、親を裏切り、コミュニティを離れ、ＮＧＯの支援を得て保護施設に暮らし、そこから通学するケースもある。[6]また、ある夜、学校に父親であるマサイの男性（懐には刃渡りの長い両刃のナイフを持っている）が突然現れ、娘を強制的に学寮から連れ戻そうとしたケースがあった。つまり、学校は新しい知識を学ぶ場所ではあるが、子どもを有害な文化的慣習から保護できる場所でもある。

初等学校に就学する意味について、生徒、教師、親に対して、聞き取り調査をしたことがある。[9]全体としては、①新しい知識・技能の習得、②共同活動と経験共有の機会、③社会性と市民性の獲得、④伝統的慣習からの解放の四項目に集約できた。これを詳細に調べていくと、三者によって、明らかに異なる傾向が見られた。親は、①により雇用され、現金収入を得ることを強く子どもに期待する一方、生徒と教師は、その便益を雇用機会の獲得以外に、生活改善やコミュニティへの貢献、視野の拡大など、広く捉えていた。生徒と教師の違いは、教師は、③の市民性を強調する一方で、生徒は、②の友人との活動や、④の過度な家事労働からの解放、ＦＧＭや早婚の回避を就学の効果として挙げていた。子どもにとっては、学校教育の役割として、認知的な知識習得に加えて、非認知的な面での意味も大きいことがわかった（図6-6）。

次に、高学年で結婚のために中途退学する女子生徒が多いことから、彼女たちにとって学校で教育を受けたことにどのような意味があったのかが気になった。その一人、初等学校を七年生（入学が遅れており、この時点で一七歳）で出産を機に退学した二七歳の女性に学校の価値を振り返ってもらった。その回答などから総合すると、①社会的ネットワークの拡大、②公用語（英語やスワヒリ語）の習得、③衛生と健康の改善、④対等な夫婦関係の構築、⑤計画力の獲得においてその影響が確認できた[7]。これからわかったことは、教科学習の成果以外に、学校でのさまざまな「学びの成果」があり、伝統的な農村コミュニティにおいても、その生活の質を高めることに寄与していることである。

図6-6　規律に厳しい初等学校の朝礼風景（筆者撮影）

先に挙げた「適切かつ効果的な学習成果」が何であるかは、各人の置かれた社会的文脈によって異なることから、定義をするのが難しいところである。われわれが日本で受けてきた学校教育を考えれば、大人になって役立つことは、このマサイの女性が語ってくれた内容と大きくずれていないかもしれない。少なくとも試験の成績の向上だけでは測定できない学校に就学する意味と価値があることがわかる。しかし、教科の学習成果以外の「学びの成果」については、その存在は誰もが認識していても、国際的な議論を行うには、その困難が大きすぎ、ほとんど行われていない。

5　学校教育の意味と学びの成果

途上国の教育といえば、初等教育の就学率により比較することが多かったが、就学率に関しては、徐々に先進国との格差は小さくなってきている。問題は、先にも述べたようにアフリカなどの低所得国を中心に、学習をしていない子どもが多数いることである。学習到達度については、さまざまな国際比較調査が行われており、確固たる証拠もある。途上国の教育開発に影響力を有する世界銀行は、その年次報告書において、「鍵を握る関係者は生徒の学習を最優先課題にすることを常に望んでいるわけではない」とし、「官僚は生徒の学習を促進するよりも、政治家や教員を喜ばせることに重点を置いている、あるいは単に自分の地位を守ろうとしているのであろう」と率直かつ批判的に述べている。[11]

あらためて確認すると、ここでの「学習成果」は、教科学習の成果であり、「学びの成果」は学習成果を含め、もっと広範な意味での学校における学びを指している。なぜこのような区別をする必要があるのか。教育の質を考えた時、テストで測定できる成果は、生徒の学習のアウトプットとして重要であり、有資格教員の割合や教員一人当たりの生徒数などから見るインプットの質に比べれば、はるかに有意義である。しかし、学校へ行く意味は、テストの成績だけでは測れないことは明らかである。ただ、前節で示したような就学の意味は、多くの場合、量的に測定することができない。卒業後に、働きがいのある人間らしい仕事（いわゆるディーセント・ワーク）に就けるかどうかも重要である。

ケニアで学校教育の機会を得ることにどのような意味があるのだろうか。結論からいえば、学校での成績がどれほど良かったか、それに通学していた年代により異なる。学校教育があまり普及していない時代であれば、その学歴は社会での意味を持ち、就職にも有利に働く。いわゆる「立身出世」である。ところが、誰もが学校へ行くようになると、より高い段階の教育を受けなければ、就職することは難しくなる。全体の雇用機会が増えない場合、学歴インフレが起こり、これまで初等学校卒業で就職できていたものが、中等学校卒業でなければ雇用されなくなるわけである。(3)

私が聞き取り調査をした範囲ではあるが、ケニアの場合、一九八〇年代半ばまでに初等学校を卒業した子どもは、教育を受け親の世代とは違う学歴を得ることにより、社会の階層を登ることが可能であったようだ。[5] ところが、一九九〇年代以降になると、初等学校だけの学歴で就職することは難しくなり、中等学校、カレッジ、大学卒業の学歴が必要になってくる。しかし、大学を出ても高学歴失業は普通であり、就職のためには縁故（コネ）が必要だと言われている。紙の卒業証書が昔に比べて意味をなさなくなったのは間違いないようだ。

ところが、この意味は、誰かに雇用される場合のことであり、個人の生活にとっての初等教育自体の意味や価値が低下したこととは別である。四節を振り返ると、スラムや難民キャンプの学校では、次の教育段階である中等学校への進学を目的としており、彼らにとっては、「学習成果」すなわち好成績で卒業することが最重要となる。しかし、マサイの女性にとっては、卒業証書がなくても、学校教育を受け、そこで得た教科の学習に限らない広範な「学びの成果」が現在のコミュニティでの生活に表れている。おそらく、スラムや難民キャンプで暮らす子どもも、仮に進学や就職が希望どおりに行かなくとも、「学びの成果」はいつまでも残っていると考えて間違いはないだろう。「学習成果」は、短期的な学校教育の中で価値を持つ成果であろうが、「学びの成果」は社会に出てから、一生にわたっての財産となる学校教育の成果である。

6　おわりに

途上国の学校と言ってもさまざまであり、ある国の中でも多様な学校がある。そこで学習する子どもの社会的背景はそれぞれに異なる。一口で途上国の学校、ケニアの学校と表現すること自体が正しくない。教育の機会は平等に与えられていても、その質を考えれば、不平等である。保護者の所得により、子どもの受けることができる教育の質はまったく異なる。日本においても教育格差は拡大しているが、小学校教育は公立校が中心であり、地域によって差がそれほどないのが特徴でもある。

よく途上国の教師は質が低いと言われることがある。私がよく知るケニアの初等学校教師は、日々忙しく働いている。教師が不在で、自習になることはあるが、授業時間中に公的な会議や研修が開催されるなど、教師の責任ではないことも多い。地方では交通の便が悪く、首都では交通渋滞があり、移動する負担が日本では想像できないくらい大きい。確かに、不真面目にみえる教師もいるが、学力差のある子どもを相手に、比較的よくできる子がその他のクラスメートを助けるなど、学習速度の遅い子どもに配慮した授業を行う教師もいる。

国際的な支援は行われていても、その多くは現場の教師を力づけるものではない。必要な知識が不足しており、それを研修で補おうとするようなプロジェクトが多い。しかし、それにより教師の行動が変わり、それが継続的に発展しているという話はあまり聞いたことがない。何か問題が起こると、現場の教師の能力不足に要因を見出そうとするのは、日本も含め、どこの国も似ている。問題の根幹は、教育に責任を持つべき省の官僚が学校現場の現状を知らない、あるいは知ろうとしないことにあることが多い。

国際的な目標である「公正で質の高い教育」を国民に提供することは、先進国においても難題である。しかし、アフリカの低所得国の最貧困層にある人々は、決して外部からの支援を待っているのではなく、主体的に行動を起こし、子どもたちに学習の場を提供しようとしている。また、日本でいえば、児童相談所のような施設もなく、学校の教師が子どもの権利を守るために尽力している事実は、もっと理解されてもいいと思う。

しかし、ここで最大の問題は、子どもの卒業後のことである。学校は、外の社会に比べれば、公正な社会である。残念ながら、社会は公正な世界ではなく、困難が待ち受けていることが容易に想像できる。スラムに暮らすある少女は、初等学校は卒業したが、中等学校へ進学できるだけの費用がないがために、その翌々年には結婚をして、子どももできていた。進学して将来美容師になりたいと話してくれていただけに、家族のためにそのような選択をせざるを得なかった彼女の気持ちを思うと、悲しみが込み上げてきた。

研究者としては、現地の人々に協力してもらいながら、大した恩返しはできない。しかし、学校で学ぶ・教える当事者の人々に寄り添った研究を心がけることにより、データの質も高まり、その解釈に独自性を持つことができる。間接的にはそのような苦境にある人々のために貢献できる可能性もあると思っている。支援する立場にないからこそ、そのような人々と心がつながるような気持ちになる時もある。

途上国で起こっている多くの事象は、球体のようにどこから見ても同じことはなく、かなりいびつな形をしているのが普通である。その実態を解明するためには、物事を多面的に見ることが重要であり、それが途上国の開発と教育をめぐる研究のおもしろさである。私が考える人間科学研究における教育開発研究は、人々の暮らしに寄り添い、生活実感を持って、教育上の問題に向き合う研究である。

引用文献

（1）ベア、イシメール（二〇〇八）．（忠平美幸訳）『戦場から生きのびて――ぼくは少年兵士だった』河出書房新社
（2）Dixon, P., Tooley, J., Schagen, I.（2013）. The relative quality of private and public schools for low-income families living in slums of Nairobi, Kenya. In P. Srivastava（ed.）, *Low-fee private schooling: aggravating equity or mitigating disadvantage?* Oxford: Symposium Books, 83–103.
（3）ドーア・R・P．（一九七八）．（松居弘道訳）『学歴社会　新しい文明病』岩波書店
（4）コリアー・P．（二〇〇八）．（中谷和男訳）『最底辺の一〇億人――最も貧しい国々のために本当になすべきことは何か？』日経ＢＰ社

(5) 澤村信英(二〇一二)．ケニアにおいて学校教育の機会を得ることの意味――〈教育ライフヒストリー〉の分析から――．『国際教育協力論集』一五(一)、一五三-一六二
(6) 澤村信英(二〇一二)．伝統的慣習に向き合う少女と学校の関わり――彼女たちの就学を支えるもの．澤村信英・内海成治(編)『ケニアの教育と開発――アフリカ教育研究のダイナミズム』五九-七五、明石書店
(7) 澤村信英(二〇一四)．アフリカの生活世界と学校教育(序章)．澤村信英(編)『アフリカの生活世界と学校教育』一〇-二六　明石書店
(8) 澤村信英(二〇一九)．ケニアの非正規市街地における無認可私立学校の運営実態とその特質――ナイロビ・キベラスラムの初等学校を事例として．澤村信英(編)『発展途上国の困難な状況にある子どもの教育――難民・障害・貧困をめぐるフィールド研究』三〇五-三二五　明石書店
(9) 澤村信英・伊元智恵子(二〇〇九)．ケニア農村部における小学校就学の実態と意味――生徒、教師、保護者へのインタビューを通して――．『国際教育協力論集』一二(二)、一一九-一二八
(10) 澤村信英・山本香・内海成治(二〇一七)．ケニア北西部カクマ難民キャンプの生活と教育――就学の実態と当事者の意識――．『比較教育学研究』五五、一九-二九
(11) 世界銀行(二〇一八)．(田村勝省訳)『世界開発報告二〇一八 教育と学び――可能性を実現するために』一灯社
(12) UNDP(2018). *Human Development Report 2018*. United Nations Development Programme.
(13) 山本香(二〇一五)．ケニア共和国キベラ・スラムにおける低学費私立校の役割――教員と保護者の生活者としての視点から――．『アフリカ教育研究』六、五七-六九

参考図書

・内海成治編（二〇一六）『新版　国際協力論を学ぶ人のために』世界思想社

途上国に対する国際協力の仕組み、分野別動向、新たな課題について、豊富な現場経験のある研究者や実務者により執筆されている。さまざまな開発課題や国際協力のあり方について、これまでの経緯と現状、今後の課題が紹介されている。

・北村友人・佐藤真久・佐藤学編（二〇一九）『ＳＤＧｓ時代の教育――すべての人に質の高い学びの機会を』学文社

人々が健康で豊かな生活を送るため、持続可能な開発目標（ＳＤＧｓ）の実現に向けて、教育がいかなる役割を果たすことができるのかを問うている。本書の特徴は、ＳＤＧｓと教育の関係について、より幅広い視点から議論が展開されている点である。

・澤村信英編（二〇一九）『発展途上国の困難な状況にある子どもの教育――難民・障害・貧困をめぐるフィールド研究』明石書店

困難な状況にある子どもの教育のリアリティを当事者である生徒、教師、保護者の視点から捉えなおしているのが本書の特徴である。子ども、教師、保護者が、そのような苦境と対峙し、どのように能動的に立ち向かおうとしているのか理解できる。

第７章　学校では何を教え、何を学べるのか

――学校教育と職業世界の関係性

中澤　渉

１　推奨される「キャリア教育」

学校で学んだことが、将来、役に立てばいい。就職のよい学校、学部、学科に進学したい。資格が取れるとか、特殊なスキルが身についたほうが、将来安心できそうだ。このような考えのもとで、進路選択をするのは一般的なことだろう。

「キャリア教育」という言葉をご存知だろうか。一九九九年一一月の中央教育審議会「初等中等教育と高等教育の接続の改善について（答申）」以降、政策的に言及されるようになった言葉だ。当時、若年雇用問題の解決策として、望ましい職業観・勤労観や、職業に直結する知識・技能を習得させ、自分を理解して進路選択できる能力を育むことを目指し、提唱されたものだ。

その後「キャリア教育」は、若年雇用問題という枠を超え、「一人一人の社会的・職業的自立に向け、必要な基盤となる能力や態度を育てることを通して、キャリア発達を促す教育」という意味で使われるようになった。キャリアとは、英語の career のことで、生涯、人々がさまざまな役割を果たしながら、自らの価値と役割との関係を累積的に見出し続けるプロセスを指す[5]。

「キャリア教育」は、従来の進路指導を発展させたものだ。進路指導は、もともと職業指導に由来するが、その職業指導を遡ると、二〇世紀初頭のアメリカ・ボストンにおける、職のない若者への就業機会の提供という社会事業に行きつく。これが一九一五年、入澤宗寿（むねとし）によって日本に紹介され、慈善事業・社会福祉事業として展開された。第二次世界大戦後、新たに発足した中学校の教育課程に「職業科」（その後「職業・家庭科」に変更）が設置されたが、一九五八年の中学校学習指導要領改訂により、職業指導は進路指導と名前を変えて、教科ではなく、特別教育活動の一環に位置づけられた[10]。

このことは、進路や職業選択が、当初から学校の設立目的の中心を占めていたわけではないことを示す。そこでまず、私たちの知る学校制度を、簡単に、歴史的に振り返ってみよう。

2　近代学校制度の確立と普及

(1)　学校の誕生

学校的なものは、かなり昔から存在していた。大学ならば、イタリアのボローニャ大学（一〇八八年）を筆頭に、フランスのパリ大学、イギリスのケンブリッジ大学やオックスフォード大学のように、中世にその起源を辿るのが一般的だ。日本最古の学校は足利学校と言われ、設立年代ははっきりしないものの、起源はやはり中世に遡る。江戸時代には、藩士の子弟の教育のため、藩校が設置され、庶民は寺子屋で読み書き計算を習った。

しかし、近代以降の学校は、これらの存在と根本的に異なる。その違いの一つは、国家（政府）とのつながりにある。政府による学校への財政負担は、一八三三年のイギリスに始まる。それまでの「学校」は、ほとんど宗教（宗派）団体とのつながりが欠かせなかった。多数の子どもに一斉に教育を行う効率的な組織として、ある宗派の採用した集団教育を行う場としての「学校」の有効性に目を付けた政府は、それを巧みに利用した。政府は、それらの「学校」に倣った設置基準を設け、基準を満たした学校だけを財政的に支援した。ただし、税金を投入する以上、学校と特定の宗派のつながりを絶つ必要があった。そうでないと、公教育の場に、宗派間の対立がもたらされるからだ。こうして学校教育の世俗化は進み、やがて大陸を超え、アメリカのマサチューセッツ州を嚆矢（こうし）とする公教育制度の確立と普及にも大きく貢献した。

かくして学校教育の標準化が図られ、多数の児童生徒を効率的に教育する「学級（クラスルーム）」が発明された。[12] 学級を単位とする教室は、今こそ馴染みの光景だが、当時の人にとっては、多様な背景をもつはずの子どもが、同年齢集団ごとに集められ、同じ時間に同じことをするという、人為的で奇妙な空間だと感じられたはずだ。[9] なぜなら、そんな組織空間は、それまでどこにも存在しなかったからである。

(2)　学校の制度化・普及

こうして学校は、国家システムに組みこまれる。その学校を優良な成績で修了すれば、より上級の学校に進学でき、官吏登用試験受験資格を得られる。民間組織も、そうしたエリート校の卒業者を採用すれば、組織として箔がつくし、社会的信用も得られる。

もちろん社会の発達、知識社会化が進み、教育が重要になるという側面はある。学校が、職業に限らず、社会生活で全く無用なものならば、ここまで普及しなかっただろう。

一方で、学校普及の歴史を振り返ると、社会的有用性がどこまで強く意識されていたかは疑わしい。近代学校制度の発足時、特に意識されたのは、合理的で効率的な組織運営だ。ウェーバーが近代組織の特徴として掲げた官僚制は、合理性や効率性を重視する。一般に、官僚制組織が掲げる目標は壮大なので、組織の規模は拡大し、組織内の機能分化が進む。組織は、運営にふさわしい能力や資格を持つ者を採用し、昇進させる。その資格付与や能力証明に、学校は一役買う。近代社会の発展の上で、こうした組織の合理化（官僚制化）は不可避だと、ウェーバーは説く。

合理性を追求した学校が成立すると、それは近代組織を象徴するモデルとなる。先進的な近代社会で成立した組織だからこそ、お手本となる。すると、組織の機能性や有用性は忘れられ、モデルと同じものを普及させること自体が目的になる。官僚制は目標を合理的に達成する手段なのだが、それが進むと形式主義が蔓延し、全体の目標が見失われるという逆説的帰結をもたらす。この官僚制のパラドクスを、ウェーバーは「鉄の檻」に喩えた。モデルとなった学校も、機能性は十分検討されないまま、世界中に同じような形態で普及してゆく[4]。

この様子は、次のような歴史的事実を想起するとわかりやすい。明治以降の近代日本は、こぞって「欧米風」の制度や組織を採用した。それは当時の日本からみて、「欧米風」のものが極めて先進的に映ったからだ。当時導入されたさまざまな行政機構（役所だけではなく、警察、消防署）や民間の金融機関、そして学校などには洋風建築によるものが多かった。

知育という機能を満たせば十分であれば、江戸時代からの庶民の「学校」であった寺子屋でも十分だったはずだ。明治より前の日本の庶民の識字率は、他の国に比して決して低かったわけではない。しかし明治政府は、寺子屋を潰し、「欧米風」の学校制度、学校建築の導入にこだわった。それは「欧米風」の学校を導入すること自体が先進性の象徴だったからであり、形式的にそうした学校制度や学校建築を採用することは、外から見ても「新しさ」という点でわかりやすかったのだ。もちろん為政者は、「欧米風」の学校制度の合理性を彼らなりに理解していたかもしれない。しかしそれが、組織の末端や庶民まで浸透していたかは別の問題である。[9]

一般に、社会制度は、社会のニーズや要請があって、それに応えるために整備される、というのが常識的な理解だろう。それが完全に間違っているわけではない。しかしこうした例をみると、違った理解も可能である。「社会にこういう制度が存在するものなのだ」というような取り決めが予め存在し、それに沿って組織や制度が導入される。そして人々の選択、行動も、その制度による制約を受ける。むしろ制度が、ニーズを生み出し、人々の行為選択を形作る。

よく言われるような、経済界のニーズに伴い学校が普及する、という説が正しいのなら、経済指標と進学率には関連が見られそうだが、実際はそうでもない。経済指標とは無関係に、今やどの国にも、同じような学校制度が存在し、進学率も上昇している。現に、学校で教わる内容は、社会（職業生活）で役に立たない、という話も耳にする。

これについて、アメリカの社会学者マイヤーは、以下のように説く。近代学校制度は、社会的ニーズと無関係に、ある分野を学んだものが社会の中で正当な市民権を得られるという定義が予め用意されており、その定義に沿って市民を養成する組織として設立されたものだ。換言すれば、成熟した市民を育成する学校の存在が近代国家の証であり、社会的有用性を求めて学校が設立されたわけではない。学校は市民を育成する正統な知を提供する組織だと私たちが信じることで、学校制度は維持されている。[8]

こうして独自の力を得た学校制度は、社会へも影響を与える。社会で市民権と正統性を獲得した学校は、社会的有用性と無関係でも、人々の地位配分に強い力を持つ。だから教育を受けることは権利と見なされ、教育機会の不平等が問題とされる。学歴が一種の職業資格になるというより、ＭＢＡのような形で、職業経験を教育プログラムが資格化し箔付けを行うように、学校が産業界に影響すら与える。こうして、社会の学校化が進む[1]。こうして、職業世界で学校知が真に役立つかとは無関係に、人々の間で進学をよしとする同調圧力が強まってゆく。

3　進路選択の実態

こうして生み出された学校で教えられる知識は、決してニュートラルではない。成績と出身階層に相関があることはよく知られている。そもそも学校のカリキュラムや正統知は、上流階級の文化や価値観を反映したものであるという指摘もある[2]。また階層にかかわらず、多くの親は自分の子に最良の選択肢を与えることを望んでいる。しかし家庭の経済状況云々以前に、社会的に恵まれない家庭では、そうした選択肢に関する情報を手に入れる手段が限られており、何をすべきか戸惑ったり、チャンスを逃したりすることも多い[7]。

確かに私たちは、制度上、自由に進路を選べる。しかし進路選択には、出身家庭による一定

表7-1　分析で使用した変数の基礎集計データ（N=762）

実際に進んだ進路								
進路先	文・外語	社会・心理	教育・福祉	法・政治	経済・商	理学	電気・機械	建築・土木
図 7-1 の表記	文	社	教	法	経	理	工	建
割合	.076	.034	.062	.054	.098	.045	.038	.025
進路先	農・林	情報科学	医歯薬	看護・保健	他の専門	高校卒	専門学校	短大・高専
図 7-1 の表記	農	情	医	看	他	高	専	短
割合	.026	.024	.032	.039	.075	.133	.158	.083
属性変数								
性別	男	女						
割合	.493	.507						
希望する職業	技術専門	薬剤・看護	教員	芸術・スポーツ	事務	販売	熟練工	半熟練工
図 7-1 の表記	Sp	M	T	P	C	Sa	Sk	Sm
割合	.119	.121	.129	.068	.140	.035	.062	.020
希望する職業	非熟練工	農業	無回答・不明					
図 7-1 の表記	Us	A	NA					
割合	.012	.009	.285					
世帯収入	～400 万円	約 500 万円	約 700 万円	900 万円～				
図 7-1 の表記	In1	In2	In3	In4				
割合	.224	.205	.285	.286				
親の学歴	両親非高等	いずれか高等	両親高等					
図 7-1 の表記	E1	E2	E3					
割合	.336	.361	.303					
本の冊数	25 冊以下	26～100 冊	101 冊以上					
図 7-1 の表記	B1	B2	B3					
割合	.286	.437	.277					

注）データの出所は『高校生と母親調査』2012 および 2017
　　調査の詳細は中澤・藤原編（2015）（引用文献 11）参照

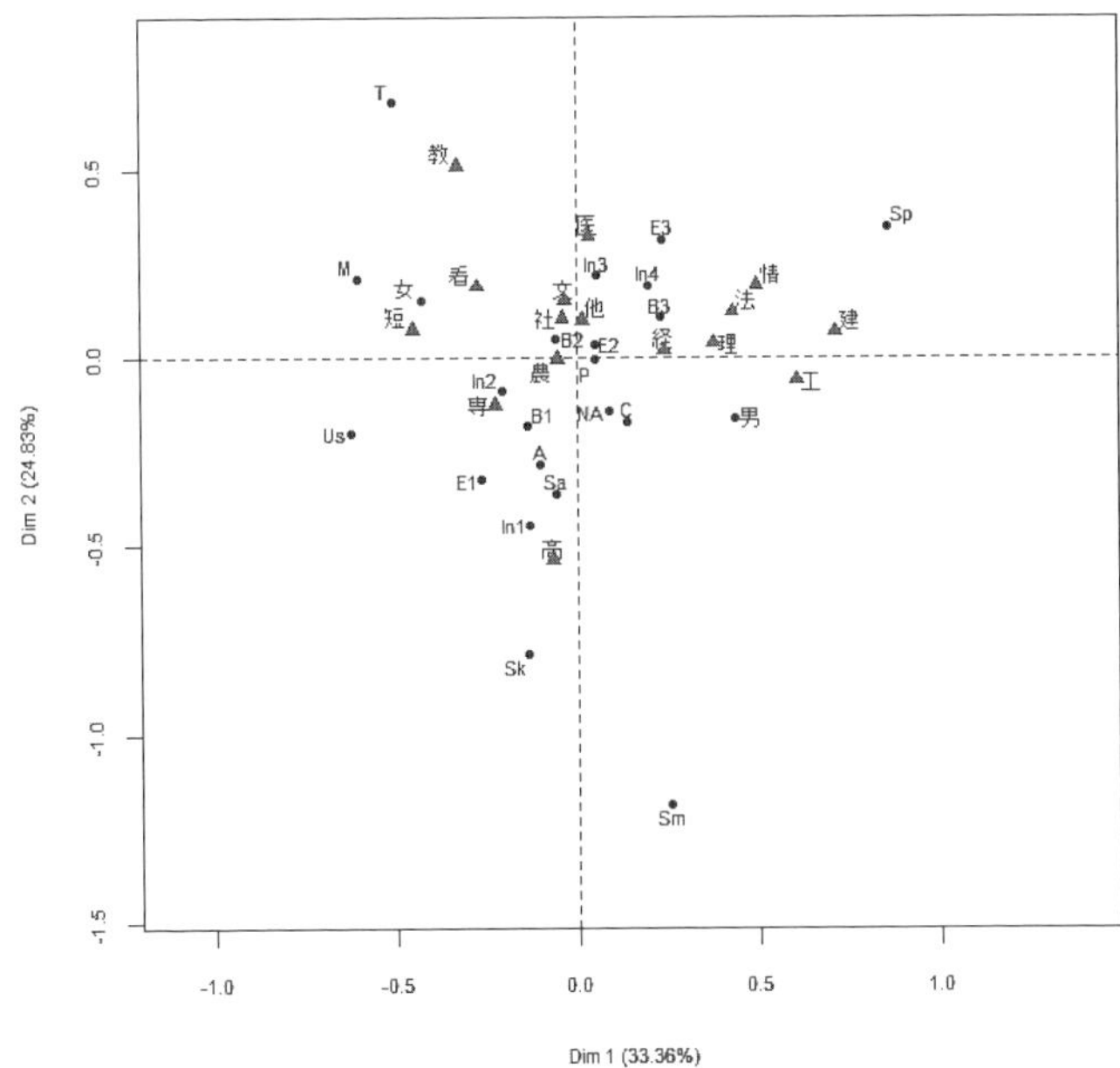

図7-1　進路選択の社会空間

の傾向が存在する。それを、現実のデータから検証してみよう。ここで使用するデータは、二〇一二年に、当時の日本の高校二年生と母親のペアを対象に行った質問紙調査[11]、および、その同一の高校生の母親を二〇一七年に追跡し、高卒後の進路選択の結果を捉えた質問紙調査である。使用した変数の分布は表7−1の通りで、これらの変数を用いて多重対応分析[3]を行った。

多重対応分析の厳密な解説は、専門書に委ねるが、ここでは簡単に図7−1の解釈の仕方を説明しよう。質問紙調査の回答には、例えば性別や出身階層によって、一定の傾向があるとする。すると、似た回答傾向をもつ反応は、近いところに印される。逆に、関連の薄い回答同士は、離れたところに印される。その印を配置した空間を、最もよく説明する縦軸と横軸を置く。目立った回答傾向のないものは、軸の交差している原点付近に印される。図７－１では、横軸は印全体のばらつきの約三三・四％、縦軸は二四・八％を説明する。この軸の解釈が、多重対応分析のポイントの一つである。

まず説明力の高い横軸沿いには、▲印の、二〇一七年追跡調査における高校生の実際の進路が多くプロットされている。また第四象限には「男」、第二象限には「女」があり、両者は横軸沿いに広がっている。実際、「男」のまわりには、理工系や法学系など男子学生の多い専門が、「女」のまわりには、看護や短大という女子学生の多い専門や学校段階がある。以上から、横軸はジェンダーによる分布の偏りを説明する軸（右ほど男子が多い）と解釈できそうだ。

縦軸をみると、上には「T」、下には「Sm」の点があり、表７－１によれば高校二年時の希望職業で、Tは教師、Smは半熟練工を示す。希望職業のばらつきが、この縦軸を説明するといえそうだがわかりにくい。そこで視点を移すと、やや見にくいが、第一象限にはIn３やIn４という高収入世帯や、Ｅ３、Ｂ３という両親高学歴で本も多い（文化水準の高い）世帯が、第三象限には、In２、In１、Ｅ１、Ｂ１という低所得世帯や、両親の学歴が低く、本も少ない世帯が置かれている。これらの変数は縦軸に沿う形で展開しており、出身階層の高低（上に行くほど階層が高い）を示すと解釈できそうだ。

軸の解釈をもとに、少し乱暴なまとめをすれば、第一象限は「男子高階層」、第二象限は「女子高階層」、第三象限は「女子低階層」、第四象限は「男子低階層」に典型的な回答がある。実際の進路選択の結果である▲をみると、多くの大学の専門は横軸の上、つまり縦軸の正の方向に存在し（大学進学者は高階層の傾向がある）、専門学校や高校卒は下のほうに位置する。

大学の専門は、右側には男子の多い専門、左側には女子の多い専門がプロットされているが、縦軸に沿うばらつきもある。例えば教育や医学は上の方（高階層）に位置する。理・経済・農はほぼ横軸上にあり、工学は若干ではあるが、縦軸の負の位置にある。つまり専門の選択にも、階層による一定の傾向があることが窺える。

社会学で多重対応分析を用いた著作として最も有名なのは、フランスの社会学者ブルデューによるものだ[2]。私たちは、調査によって得られた家庭的背景を示すさまざまな変数の関係を、多重対応分析によってプロットできる。そこに、私たちの普段の行動、習慣、価値観といったものも、同様にプロットできる。人々は、そうした変数間の関係に埋め込まれた慣習行動に、無意識に従っている。その慣習行動をハビトゥスという。

もちろん、これは統計的な一般的傾向を示したものに過ぎない。個別には、こうした傾向に該当しない選択を行う人も存在する。進路選択は自由だから、それは当然のことだ。しかし、男性が多くを占める専門を女性が選択したとか、あまり豊かでない出身の人が比較的豊かな人のとることの多い進学行動をとれば、さまざまな葛藤に直面する。そこで私たちは、無自覚であった社会構造の存在を意識するのである。つまり、私たちの選択行為は、一見自由に行われているように見えても、こうした変数の関係に埋め込まれているのである。

４　学校と職業世界の良好な関係構築のために

(1)　日本企業の組織文化

ところで、表7-1から、高校生の希望職業の分布を読み取ってみよう。三割近くが不明・無回答だが、その一方で、技術・専門職や看護師・薬剤師、教師、芸術関係やスポーツ選手といった「専門職」に分類されるもので四割以上を占める。もちろん実際には、そんなに専門職に就ける高校生は多くない。就職先の多数派を占める事務職、販売職（サービス業を含む）を希望していた高校生は、二割にも満たない。

社会に出る前の高校生にとって、資格を伴う専門職はイメージしやすいのだろう。しかしその希望を叶える高校生は、決して多くない。そこで学校が展開すべき進路指導とは何なのか。

濱口桂一郎は、労働法制の観点から、日本の労働社会の在り方を「メンバーシップ型雇用」と名付け、日本以外の「ジョブ型雇用」と区別している。[6] 少し大胆な説明をすると、日本の雇用契約は、ある会社のメンバーになるという意味が強く、どの部署で何の担当をするかは雇用者の命令次第、と受け止められている。だから日本人は、職業を聞かれると、その職務内容（会計事務とか営業職など）ではなく、会社の名前や「会社員」「公務員」を名乗る。これこそがメンバーシップ型雇用を反映している現象といってよい。

一方、海外はそうではない。雇用契約の際、仕事の内容や範囲は予め決まっている。労働市場でも、自分の専門性を売り込んでいくことになる。逆に、自分の持ち分（職務）を超えた仕事を行うことはない。雇用契約は、職務内容をベースにしているからだ。したがって、日本では「気が利く」と評価される行為が、海外では越権行為として深刻な問題を生む可能性もある。

だからメンバーシップ型雇用をメインとする日本社会で、キャリア教育の中身は曖昧にならざるを得ない[6]。新卒者が一括採用されるという日本の雇用慣行は、メンバーシップ雇用ならではのものだ。まっさらな状態の若者を採用し、仕事をしながら社員というメンバーにふさわしい人物になるよう訓練するのだ。逆に、高度で狭い知識や技能をもっていると、むしろ視野が狭くて扱いにくい、ということになってしまう。リストラによる中高年の解雇や再雇用が社会問題になるのは、他社に馴染んだ中高年を、メンバーシップ型雇用の企業は雇いたがらないからだ。この現象は、特に近年その社会的意義を問われがちな文系就職者の多い、ホワイトカラー系の職種に顕著である。要するに日本の企業は、特定の高度な専門知を評価し、活用しにくい組織文化になっているのである。

それゆえ日本の企業組織文化では、いったん企業組織から抜けて学校に戻り専門性を身につけても評価されにくい。それは学校の教授内容が役立たないからだとされがちだが、学校だけの問題ではない。メンバーシップ型の組織では、キャリアアップや昇進はメンバーとしての忠誠の度合い、組織への貢献度で測られがちになるから、キャリアを中断した人に高評価を与えにくい。だから「生涯教育」という建前がありながら、一旦社会に出た人が高等教育機関に戻ることは稀になる。実際、日本の大学生はほとんどが高卒後すぐに入学した人で占められ、年齢の同質性が非常に高い。

ただ、社員教育にはコストがかかる。競争の激化でコストカットの圧力もあり、社員教育は学校で終えておいてほしいのが企業の本音だ。メンバーシップ型雇用の欠点が目立つようになり、ジョブ型への移行、ということが叫ばれるようになった。しかしジョブ型になれば問題解決するか、というと、そうでもない。実際、海外の多くでは、高い若年失業率が問題になっている。ジョブ型労働市場では、特定の専門のスキルレベル（経験）で勝負が決まる。すると経験の少ない若者は、必然的に労働市場で不利となる。そうするとなかなか就職できないので、足らないスキルを進学して埋めようとする。

しかし変化の激しい労働市場で、特定の狭いスキルを身につけるのは、リスキーでもある。数年後には、そのスキルが役に立たなくなるかもしれない。変化の激しい職業世界のニーズに、教育機関が適応するのは容易ではない。設備投資が必要になるし、特殊な技能であれば、その教育費はどこが負担するのかも問題になる。というのも、特殊技能であるがゆえ、それがその人の将来所得（利益）につながる可能性もある。個人に多くの利益が還元されるような教育に、どこまで公費をつぎ込むことが正当化されるのか、という問題が生じるからだ。

そうした高度な専門知を、継続的に教えられる教員を安定的に確保するのも難しい。結局学校知は、職業世界をダイレクトに反映するものではなく、ある程度社会の変化に対応できる、抽象的なもの、あるいは職業世界と一定の距離のあるものにならざるを得ない。

(2)　学校と職業の関係を「距離をとって」検討する意義

筆者は、キャリア教育や進路指導をナンセンスだ、と言いたいわけではない。高校生の希望職業に無回答が多いのは、職業に関する知識が不足しているからかもしれない。だからさまざまな選択肢を手に入れるため、予め多くの職業について情報を集め、将来について考えることは、悪いことではないだろう。

一方で、学校は進路選択の万能なツールではないし、学校は職業世界の出先機関でもない。職業に役立つ教育を、といって拙速な教育改革を行う前に、学校と職業世界の双方に目配りし、両者にできること、できないことを整理する、そうした冷静な視点が求められているのではないだろうか。労働市場の在り方にも、変わるべきことはあるのではないか。

教育や労働市場をめぐり、さまざまな意見が存在し、それぞれの人間が、自身の立ち位置や考えに沿って動いている。そうした行動が人間社会を形成しているが、その人間社会自体を分析することが、人間科学の一つのテーマである。教育の中身に着目し、もっとよりよい、役に立つ教育を、という問題意識をもつこと自体は否定しない。しかしそうした問題意識が強いほど、理想が先行し、現実世界から乖離した提言をしてしまいがちなのだ。そして理想論先行の「熱い」教育論が、どこまで意味があるのかわからないような教育改革を促し、教員や学生、生徒たちを翻弄する。こうして教育現場は疲弊してゆく。

本章では、教育社会学という分野から、学校と職業の関係を相対化して検討した。このように、学校と職業に関する議論に自ら加勢し埋没するのではなくて、その議論自体を人間の営みの一部として俯瞰的に見つめることで、新たな視点を浮き彫りにする。以上のような人間科学としての教育社会学の意義が伝われば幸いである。

注　本稿は、日本学術振興会、科学研究費補助金基盤研究（A）（19H00608）の研究成果の一部である。

引用文献

（１）Baker, D.（2014）. *The Schooled Society: The Educational Transformation of Global Culture*. Stanford, CA: Stanford University Press.

（２）ピエール・ブルデュー（一九九〇）.（石井洋二郎訳）『ディスタンクシオン――社会的判断力批判Ⅰ・

Ⅱ』藤原書店

（3）Clausen, Sten-Erik.（二〇一五）.（藤本一男訳）『対応分析入門――原理から応用まで』オーム社

（4）DiMaggio, P. J. and Walter, W. P.（1983）. The iron cage revisited: institutional isomorphism and collective rationality in organizational fields. *American Sociological Review* 48（2）: 147–160.

（5）藤田晃之（二〇一四）.『キャリア教育基礎論――正しい理解と実践のために』実業之日本社

（6）濱口桂一郎（二〇一三）.『若者と労働――「入社」の仕組みから解きほぐす』中公新書ラクレ

（7）Lareau, A.（2011）. *Unequal Childhoods: Class, Race, and Family Life, 2nd edition*. Berkeley: University of California Press.

（8）Meyer, J. W.（1977）. The effects of education as an institution. *American Journal of Sociology* 83（1）: 55–77.

（9）森重雄（一九九三）.『モダンのアンスタンス――教育のアルケオロジー』ハーベスト社

（10）長須正明（二〇一一）.進路指導・キャリア教育とは　河村茂雄編『生徒指導・進路指導の理論と実際』六四-七七　図書文化社

（11）中澤渉・藤原翔編（二〇一五）.『格差社会の中の高校生――家族・学校・進路選択』勁草書房

（12）柳治男（二〇〇五）.『〈学級〉の歴史学――自明視された空間を疑う』講談社

参考図書

・中澤渉（二〇一八）『日本の公教育――学力・コスト・民主主義』中央公論新社

公教育のあり方、意義について、社会科学的なアプローチからの考え方を紹介したもの。本章で示した学校と職業との関連、学歴の社会学的・経済学的な解釈にも触れている。新書なので手に入れやすい。

・中村高康・平沢和司・荒牧草平・中澤渉編（二〇一八）『教育と社会階層――ESSM全国調査からみた学歴・学校・格差』東京大学出版会

少し高度な専門書だが、本章で示したような「教育と社会階層」に関する質問紙調査の統計的分析の実例をまとめたもの。学歴の階層差はしばしば指摘されるが、専門的に実証するとどうなるかを本書で知ることができる。

・山口一男（二〇一七）『働き方の男女不平等――理論と実証分析』日本経済新聞出版社

これもやや高度な専門書だが、日本の労働市場の男女間の不平等について、米国で活躍する著者が最先端の鮮やかな統計分析を用いながら、さまざまな角度から問題点を指摘し、実証してゆく。分析の方法や、分析結果を政策提言につなげるとはどういうことかを学ぶ上で参考になる。

第8章　学校で教えるということ
――教師の仕事とその特殊性

中村　瑛仁

1　はじめに

「教えること」を生業としている職業として真っ先に思い浮かぶのは、学校の教師ではないだろうか。ほとんどの人が学校教育を通じて教師と関わった経験がある。そのため、医者や弁護士、建築家など他の専門職と比べると、教師の仕事はイメージがしやすい。ただし、それはあくまで生徒の立場でみたときの教師のイメージであろう。

それでは、自分が教師として教える立場になったとしよう。学校で教えることは、難しいことだろうか、簡単なことだろうか。教科書と黒板を使った、漫然と進む授業を経験した人からすれば、授業をすることは簡単なことだと思うかもしれない。学校で教えるという営みも、「普通のこと」「当然のこと」と思われがちである。しかし、現実の学校ではさまざまな要素の上に「教える」という営みが成り立っている。

本章では、学校で教えることがいかにして成り立つか、どのような難しさを孕んでいるのか、そして教師の仕事の特殊性や複雑さなどを、教育社会学という学問の視点から探っていく。教育社会学は、人間科学のなかでも社会科学の手法を用いる学問で、さまざまなデータや社会理論を用いながら、教育現象の解明や説明を得意としている。一般的な教育学とは異なり、あるべき教育像を探求するわけではなく、学校や教育の営みの実態や現状を理解することに重きをおいている。本書でも教育に関するデータや理論的な視点を用いて、「教える」ことの特殊性やその仕事の複雑さを考えていきたい。教師の仕事の特殊性は国際的に共通する点もあるが、ここではあくまで日本の教師にフォーカスをあてて、その特徴を探っていくこととしたい。

2　学校で教えることは難しい？——教師の職業的特性

(1)　教師−生徒関係

学校で教えることの特殊性を、まず「教師−生徒」という社会関係から考えてみたい。子どもは学校に入学すると、「生徒（児童）」として学級に所属し、そこで学級担任や教科担任と出会うことになる。学級では、「教師」と「生徒」という関係の下、生徒は教師からの指導を受けながら、学校生活を送っていく。

多くの人にとって馴染みのある教師―生徒という関係だが、考えてみると実は特殊な関係である。その特徴を考えるうえで、ここでは「親子関係」「師弟関係」という二つの社会関係と比較してみたい。両者とも、教師―生徒関係と同様に「教える―教えられる」という教育関係を含んでいるものである[8]。

まず家族における「親子関係」について、子どもが生まれ大人になるまでに、親は子に対して食事の仕方や日常生活のマナーなど、さまざまなことがらを教える。ここでは「大人」と「子ども」という世代間の関係があり、社会のルールを知る大人が、知らない子どもに教える、という構図がみられる。もちろん、子どもは親の言うことをすべて聞くわけではない。しかし、「親だから言うことを聞く」という血縁関係が一方ではあり、また一方では長年生活をともにすることで生じる、家族同士の情緒的なつながり（信頼や絆など）が、親が子に教えるという営みを成り立たせている。

家族関係だけではなく、職業世界における「師弟関係」にも教育場面がある。職人世界がわかりやすいが、師匠が弟子にその職業の技術を伝達する中で「教える―教えられる」関係が生じる。現代社会においては、会社やバイトにおける、「ベテラン」と「新入り」に両者を置き換えることもできる。弟子にとってはその職の技術や技能を身につけ「一人前になる」という動

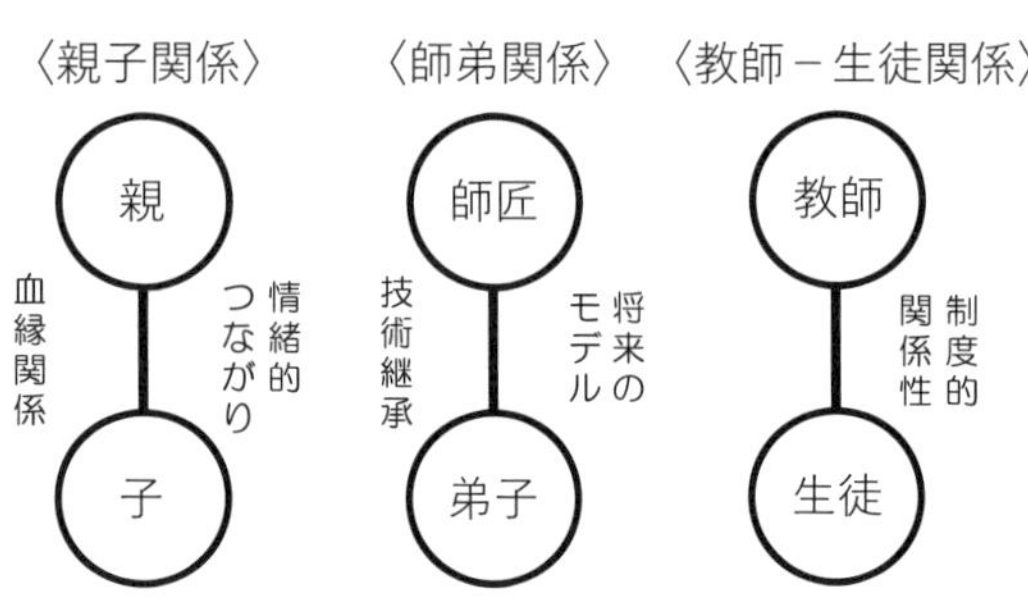

図8-1　さまざまな教育関係

機づけがあり、師匠にとっては次世代を担う人材を育てたいという想いがある。師弟関係の中での教える行為は、こうした世代や技術継承の関係の中で成立する。ただしここでの教育関係は、師匠が手取り足取り教えるのでなく、弟子が師匠の仕事ぶりを観察し、必要な技術や振る舞いを「見習う」ことも含まれている。

これらの社会関係と比較すると、教師－生徒関係の特徴がみえてくる（図８－１）。まず生徒にとって教師は、親子関係にあるように血縁や情緒的つながりがあるわけではない。たまたま、学級や授業の担任となっただけの「制度的な関係」である。学校生活のプロセスの中で情緒的な結びつきが生じることもあるが、生徒にとってみれば、たまたま出会った教師の言うことを聞かなければならない義理があるわけでもない。

さらに師弟関係と比べると、生徒にとって教師は「将来なりたい職業」というわけでもない。もちろん教職をめざす生徒もいるかもしれないが、生徒の多くは教職以外の職業に就いていく。したがって、師弟関係における技術継承のような教える関係を支える要素が、教師―生徒関係には欠けている。自分のなりたい職業やモデルが他にあれば、生徒にとって教師は多くの大人の一人にすぎない。

このように学校における教師―生徒関係は、学校というシステムの中でつくられた「制度的関係」と言うことができる。それは、親子関係や師弟関係の中で重要なファクターであった、血縁・情緒や技術継承の要素が取り除かれた関係でもある。教師―生徒関係は基本的に地域における社会関係とは切り離された性格を帯びており、学校で教える営みはそこからスタートしているのである。

(2)　学級という場

学級という空間の中で生徒集団を相手にすることも、学校で教えることの特徴の一つである。学校制度は近代化の流れの中で、国民全ての子どもに大量の知識・技能・規範を伝達する機関として成立した。その過程の中で「発明」されたのが「学級」である[14]。それまでさまざまな年齢の子どもに対して、教師が個別に指導するスタイルから、同年齢の子どもを学級という生徒集団にまとめ、一人の教師が同じ教育内容を一斉に伝達する「効率的な」仕組みとして、学級制度は世界各国に浸透していった。

図8-2は世界各国の学級サイズを表したものである。横軸は小学校、縦軸は中学校（前期中等教育）の学級の平均人数が示されている。図をみると学級の生徒数は国によって違いがある

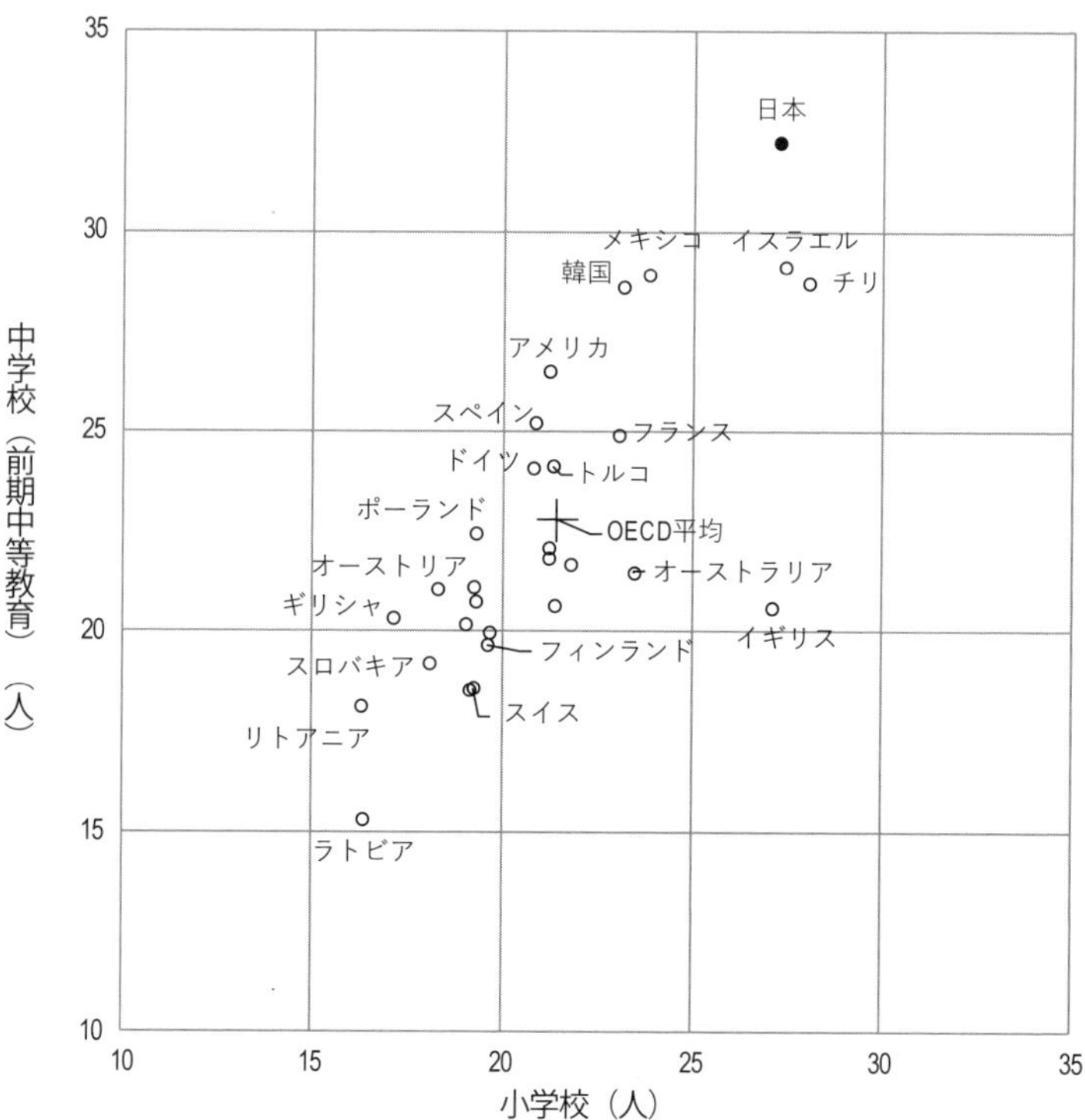

図8-2　各国の小学校・中学校の学級サイズ
（データは OCED iLibrary Education at a Glance 2018 より作成。データは公立学校のクラスサイズ。）

が、全体平均は小学校で二一・四、中学校で二三・八となっており、生徒たちを集団として教育する仕組みは各国共通していることがわかる。また日本の位置をみてみると、各国の中でも日本の学級サイズは突出して大きい（小学校二七・二人、中学校三二・二人）。国際的にみても日本の教師は、多人数の

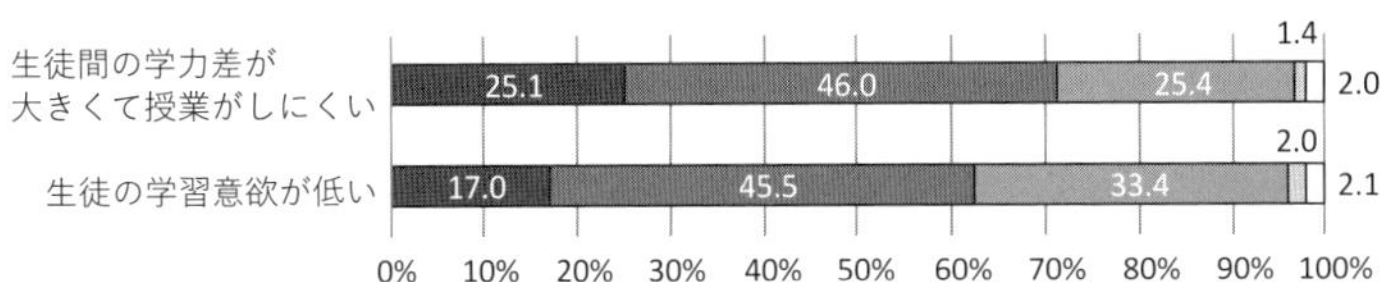

図8-3　教師の悩み（中学校）

（データはBenesse教育研究開発センター『第六回学習指導基本調査（二〇一六年）』より作成（引用文献2）。対象は日本の中学校教師で、サンプルサイズは3689。）

生徒集団をコントロールしながら日々の授業を行っているのである。

家庭教師のように一対一で指導するのではなく、「集団」を教えることにはどのような難しさがあるのだろう。まず生徒と一対一の関係であれば、よりコミュニケーションも増え、親子関係にみられたような情緒的つながりも生まれやすい。また指導の仕方や時間の管理も、生徒の個性にあわせて調整することができる。しかし生徒集団に対しては、それぞれの生徒に関わる時間も制限され、個々の生徒に合わせた授業の展開や時間の調整は難しい。さらに学習理解度も生徒によって異なるため、学級の中でさまざまな学力の子どもが混在した状態で授業を進めなくてはならない。

実際に教師たちのアンケートをみると、約八割の教師が「生徒の学力差が大きくて授業がしにくい」と考えており、生徒集団を指導することの難しさを多くの教師が感じている（図8-3）。その割合は「生徒の学習意欲が低い」という一般的な教師の悩みを上回っている。

学級で教えることは、物理的制約の中で生徒集団をコントロールしながら行う営みである。このように考えると、学級という空間は特異な場となっており、一対一や少人数の指導とは異なる難しさを常に抱えているのである。

(3)　教師の社会的地位

学校で教えるという営みは、教師の職業上の社会的地位にも左右される。教師が社会の中で必要な職業だということは多くの人が支持するだろう。しかし、教職を尊敬の対象、あるいは威厳のある職業とみるか否かはその人の立場、や地域、時代によって異なる。教師が尊敬される職業であれば、仮に授業の内容に興味がなくても生徒は教師の指導に耳を傾け、学校での指導が成立しやすくなるが、その逆の場合は教師の指導は非常に困難になる。このように職業上の社会的地位は、教師の仕事のしやすさに関わる重要な問題なのである。

一般的に職業の社会的地位は、その仕事の給与や学歴、専門性などに左右される。[10] 教師も専門職と言われているが、実際に教師はどのような地位にいるのだろうか。また時代とともに、教師の社会的地位はどのように変わってきているのだろうか。

図8-4は、さまざまな職業の社会的地位を表す「職業威信スコア」を年代ごとに示したものである。職業威信スコアはアンケートにより各職業の社会的地位を評価し、それを数値化したもので、簡単に言えば人々の職業に対する「格付け」のようなものと考えてもらいたい。縦軸は各職業の威信スコアを、横軸は調査年を示しており、スコアが高いほどその職業の社会的地

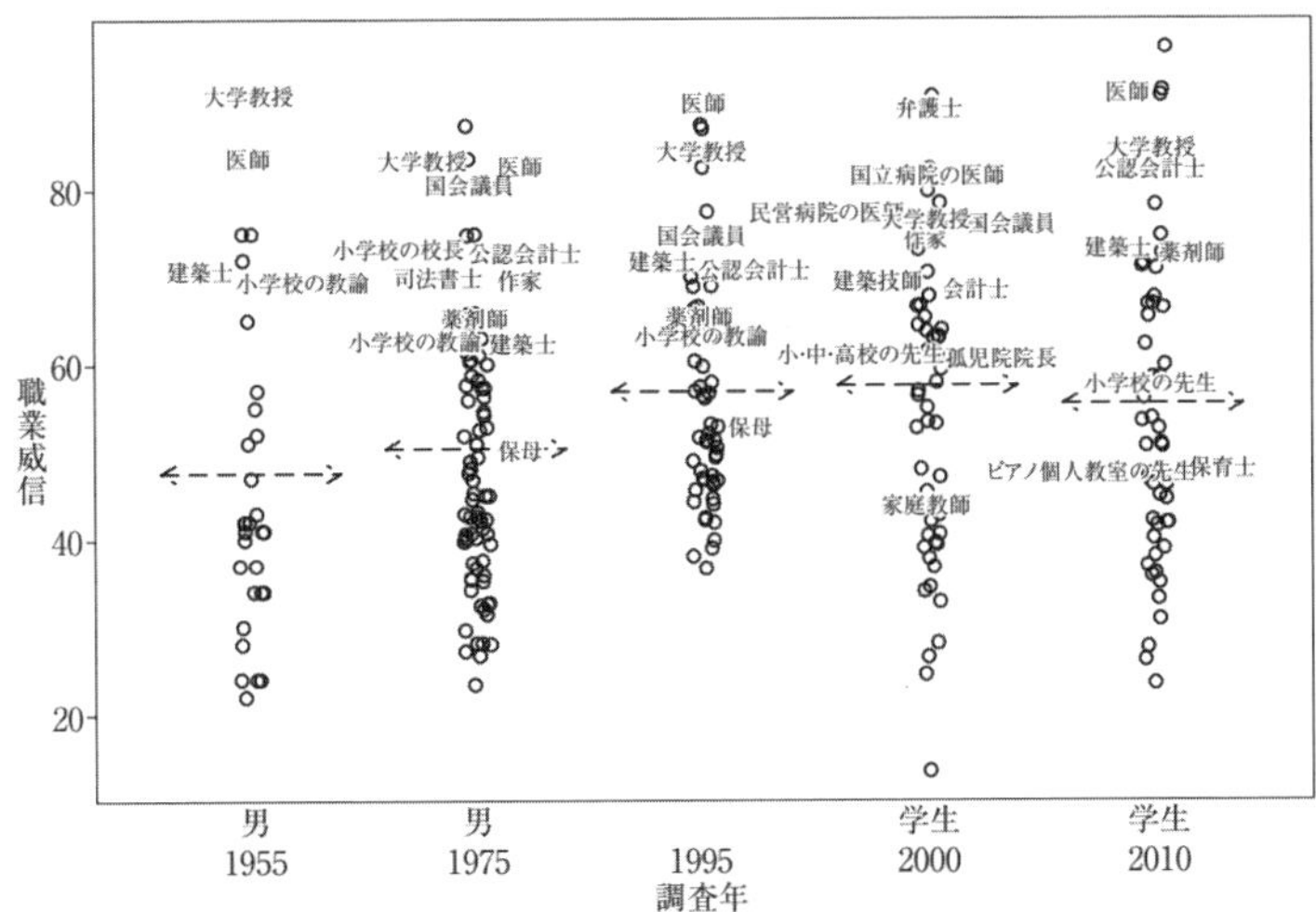

図8-4　職業威信スコアの変遷

（太郎丸 2014（引用文献 10）p. 4 図 1 より転載。縦軸は各職業の威信スコアをスコアが高いほどその職業の社会的地位も高いことを表す。横軸は調査の年代と調査対象者を示している。図中では、教師やそれに近い専門職については職業名で、それ以外の職業は丸でスコアの位置を表しており、矢印の水平線はスコアの全体平均値を表している。各調査の詳細については太郎丸 2014 を参照。）

位も高いことを表している。

小学校教師の結果をみてみると、一九五五年は比較的上位に位置しており、戦後の日本では教師の社会的地位は比較的高かったことがわかる。大学教授や医師ほどではないが、全体平均からは大きく上に位置しており、教師は社会の中で尊敬される職業であったと言える。しかしその後、少しずつスコアは下降しており、二〇一〇年では全体平均（図中の点線矢印）に近い位置まで下がっている。一貫して高い地位である医師や大学教授と比べると、教師の社会的地位は大きく変化しており、近年では他の一般職と似たようなポジションとなっている。

なぜこうした変化が生じたのか。その一つに社会の変化がある。戦後は大卒者の数も限られており、また大卒の職業もそれほど多くはなかった。また人々が受けることができる教育サービス（塾や通信教育）も、地域の中には学校以外にはあまりなかった。そのため大学を卒業し、地域の中でモノを教えることができる教師は尊敬の対象でもあった。

しかし社会の中で高学歴化が進むと、大卒者も珍しくなくなり、大卒や大学院卒の職業も増えていく。加えて、塾や通信教育などのさまざまな形態の教育サービスが生まれ、人々にとって学校以外で教育を受けることも日常的なものとなった。こうなると社会における教師という職業の希少性も相対的に下がり、それに伴って社会的地位も低下したことが考えられる。もちろん、こうした社会の変化は地域によってグラデーションがあるため、都市-地方などによって状況に多少の違いはあるだろう。

教師の社会的地位の低下は、教師の仕事のあり方にも影響を与える。特に、生徒や保護者が教師の言うことに対して従うか否か、すなわち教師の「権威」への影響が大きい。先に述べたように、教師-生徒関係は基本的に学校制度によってつくられたものであり、常に教える-教えられる関係が成り立つとは限らない。その中で、生徒集団をコントロールし、授業や学習評価を行っていくには、教師にある程度の権威が必要となる。[13] ましてや、教室の中ではさまざまな出来事が起きる。そうしたときに、教師が敬意の対象としてみられるか、あるいはクレームの対象としてみられるかは、教師にとって大きな違いがある。教師の社会的地位が下がっていけば、その職業的な権威も損なわれていき、結果として教師の教え方や指導のあり様の「正しさ」がより問われるようになっていくのである。

ここまで教師－生徒関係、学級という場、教師の社会的地位という三つの観点から、学校教師の特性を探ってきた。こうしてみると、学校で教えるという行為にはさまざまな制約があり、微妙なバランスの上に成り立っていることがわかる。校内暴力や学級崩壊という言葉をよく耳にするようになったが、一度バランスが崩れれば、学校で教えるという行為は簡単に揺らいでしまうような営みなのである。

3　なぜ日本の先生は忙しい？——日本の教師文化

このように特殊な環境の中で「教える」ことを生業としている教師だが、それでも多くの学校で授業が成立しているのはなぜだろうか。学歴獲得のため、学校のルールに従っているだけ、あるいは純粋に学校の勉強が楽しいから、生徒が授業に参加する理由は人によってさまざまだろう。しかし、こうした特殊な環境であるため、学校や授業に意味を見出せない生徒がいるのもまた確かである。

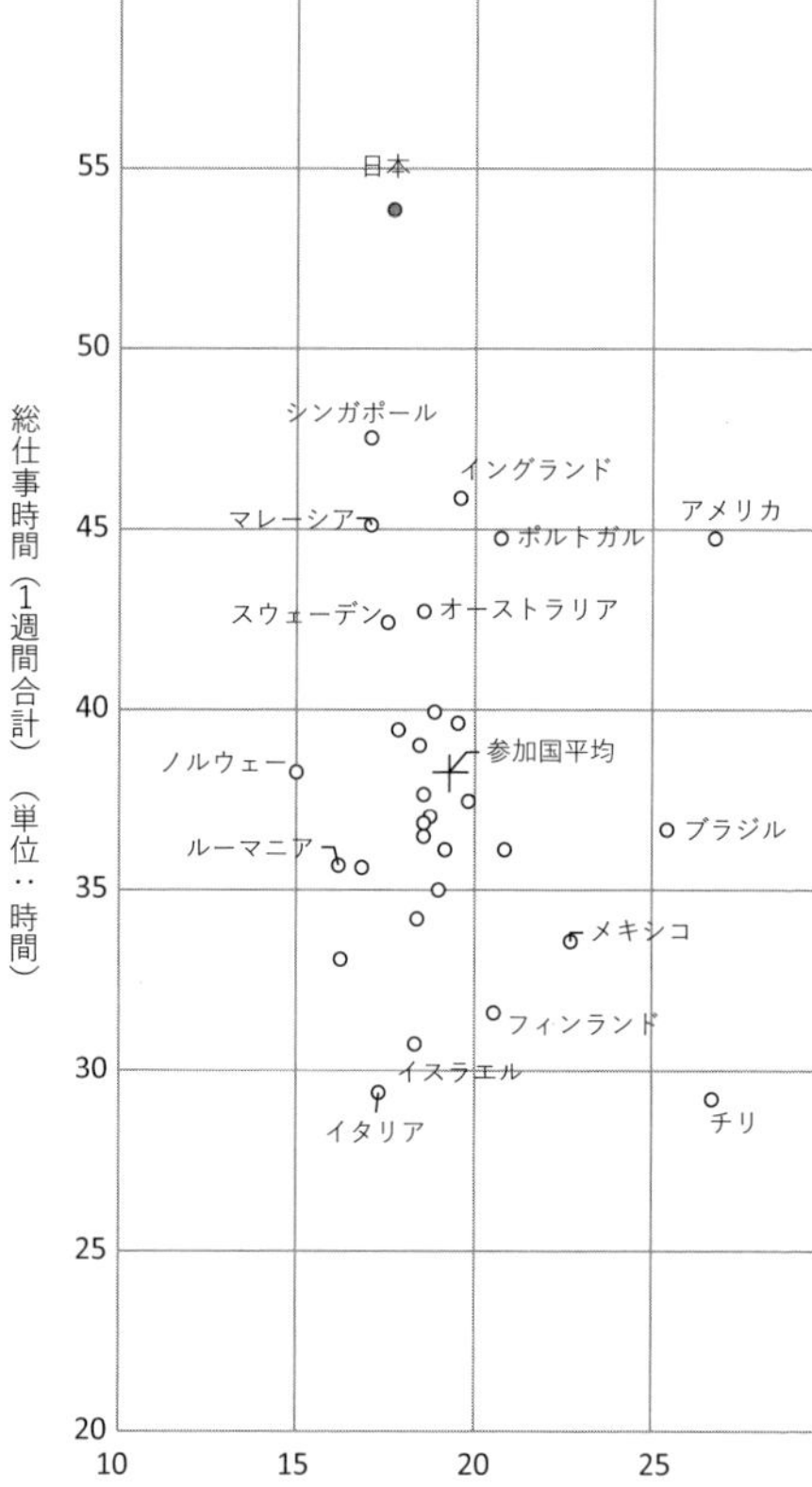

図8-5　各国の教師の総仕事時間と授業時間
（データは OECD iLivrary TALIS 2013 より作成。この調査には OECD 加盟国等 34 カ国・地域が参加。図中の一部の国名は省略している。）

教師側からすると、生徒に学校生活の意味を見出してもらい、授業が成立するような働きかけをしなければならない。ここでは日本の教師にフォーカスをあてて、教師たちの働きかたの特徴やその背後にある機能などを考えてみたい。

(1)　多忙な日本の教師

実は、日本の教師は国際的にみても多忙であることが知られている。図8-5は、世界各国の

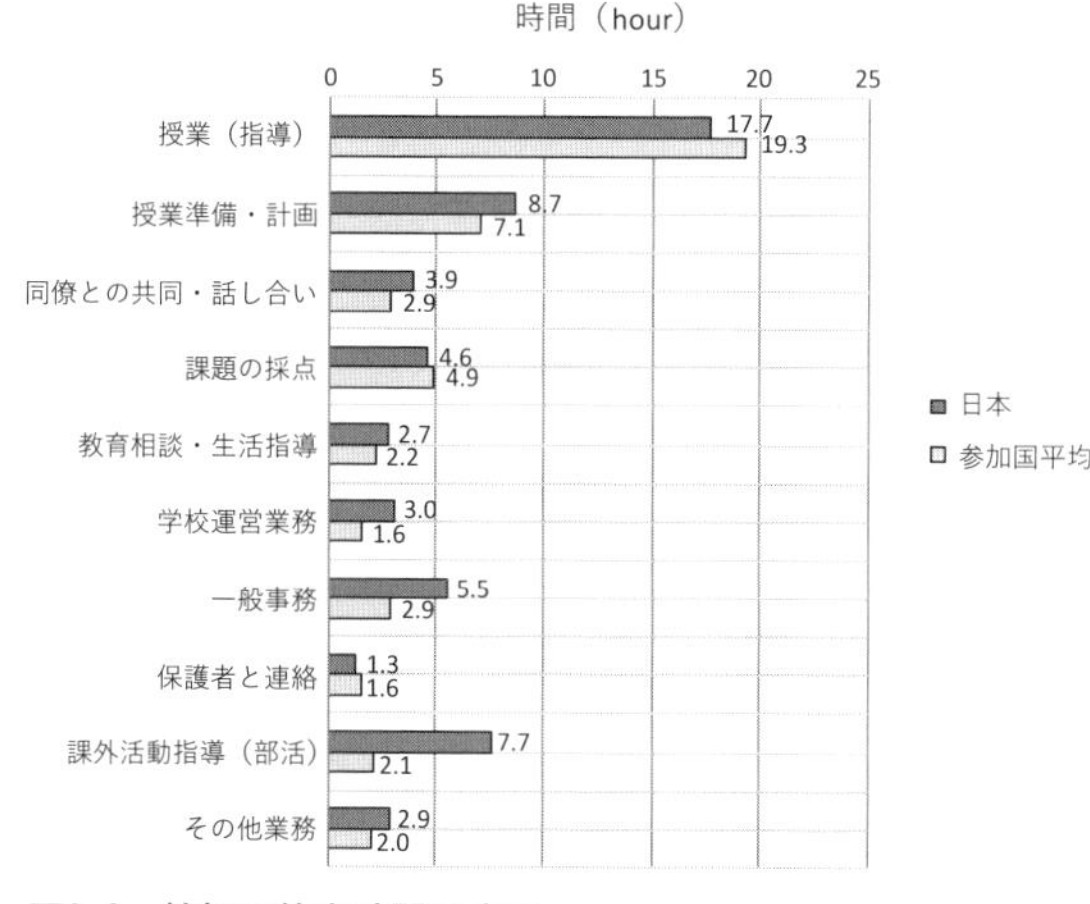

図8-6　教師の仕事時間の内訳
（データは OEC D iLivrary TALIS 2013 より作成）

教師（中等教育（中学校））の総仕事時間と授業時間を示したもので、縦軸は総仕事時間、横軸は授業時間を表している。総仕事時間をみると、日本の教師は各国に突出して仕事時間が長いことがわかる。日本の教師は、全体平均と比べると一週間あたり一〇時間以上も長く働いている。

しかし教師たちは授業が多くて忙しいわけではない。教師の授業時間をみてみると、日本は平均よりも少し左に位置しており、授業時間は各国と比べてやや少ないことがわかる。それでは、日本の教師はなぜ忙しいのだろうか。

図8-6は、さきほどの総仕事時間の内訳を示したものである。日本が突出して多いのが「校外活動指導（部活）」で、日本の教師は部活動に非常に多くの時間を割いている。また、「同僚との共同・話し合い」「学校運営業務」「一般事務」と、授業・指導以外にもさまざまな仕事に他国よりも多くの時間を使っている。さらに、

の時間を割いているのである。

六・七時間との試算もある[2]。このように日本の教師は、授業時間以外のさまざまな職務に多く「教育相談・生活指導」はこの調査ではそれほど多くないが、国内のより詳細な調査によると

⑵　指導の文化

日本の教師の多忙の背景の一つは、このような多様な職務を求められていることにある。特徴的なのは部活動指導や生徒（生活）指導といった、授業以外の「指導」と呼ばれる職務があることだ。

日本の学校では、国語や算数といった教科の学習に関する教育内容（認知的側面）だけでなく、道徳や社交性、勤勉性といった教科の学習以外の非認知的な面も、重要な教育内容として捉えられている。簡単にいえば、友だちと仲良くすることや、努力をすることの大切さを学ぶこと、これらも学校教育の一部と考えられている。そのため、授業を中心とした学習指導のほかに、生徒指導、進路指導、校外指導、清掃指導、給食指導、さらには登下校指導など、生徒の学校生活に関わるほとんどの事柄が、「指導」という名称とともに教師の職務の対象となっている。これらの日本の教師の特徴は「指導の文化」とも呼ばれる[11]。

象徴的なのが部活動であり、部活動の実施は学校教育の中で必須ではないものの、それでも中学校ではほとんどの生徒が部活動に参加している。指導の文化が根づいている日本の学校で

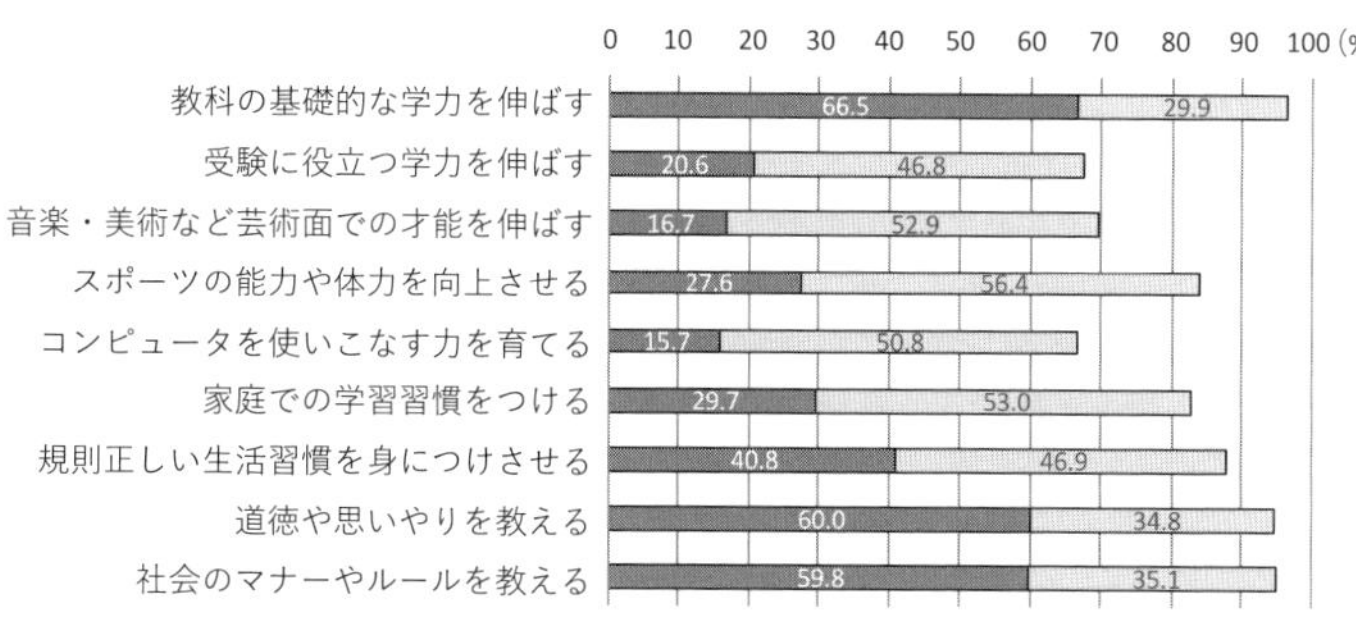

図8-7　保護者が学校に期待する教育・指導
（データはBenesse教育研究開発センター『学校教育に対する保護者の意識調査2012』より作成（引用文献3）。調査のサンプルサイズは6831、対象は小学校・中学校を子に持つ保護者。）

は、子どもの生活全般が教育の対象となるため、教師は一日中何かしらの「指導」をしている状況となっている。

こうした教師の働きぶりは、多くの人にとって馴染みのあるものかもしれない。しかし海外の場合は、悩み相談はカウンセリング担当、進路相談はガイダンス担当、部活動は外部の専門コーチといったように、より分業がなされており、一般的に教師は授業のプロとみなされる。日本でも多少の分業はあるものの、一人の教師がさまざまな役割や業務内容を担う点で大きく異なっている[12]。

(3)　指導の文化の機能

多忙の原因となっている指導の文化だが、なぜ日本の教師はこうした働き方をしているのだろうか。ここでは、指導の文化が学校教育を成り立たせている機能的な側面を考えてみたい。

先に日本では非認知面の教育も学校で重視されていると述べたが、その背景にはそうした教育を期待する保護者の存在がある。図8-7は、保護者へのアンケートから学校に期待する教育内容を尋ねた結果である。グラフをみてわかるように、一般的な「基礎的な学力を伸ばす」以外に、受験、音楽・芸術、スポーツ、コンピューターなど、幅広い教育内容を保護者たちが期待している。

特に注目したいのが家庭での習慣や、道徳、社会のルールといった、学習内容以外の生活に関わる項目である。結果をみると八割以上の保護者がこれらの教育内容を学校に期待している。こうした学校に対する多様な保護者の要望は、さまざまな役割を担う教師の指導の文化と対応していることがわかる。

日本の学校では教科の授業だけをしていれば、社会の期待に応えたとは言い難く、そのため部活動や学校行事などさまざまな教育プログラムを行い、その分教師たちは多様な職務をこなしている。しかし逆に考えると、日本では授業以外のさまざまな教育内容を幅広くカバーすることで、「良い学校」「良い教師」として認められやすいとも言える。

こうして考えると多忙の原因でもある指導の文化は、学校で教えるという営みを安定させる機能を果たしていると言える。授業以外のことも積極的に行い、生徒や保護者からの信頼を得ることで、制度的な教師−生徒関係を乗り越えることができる。また学校でさまざまな行事を行ったり、学級の中で班活動や学級活動を行ったりすることで、擬似的な家族的関係をつくり、それが学校教育をスムーズにさせているとの指摘もある[5]。

ただし一度、指導の文化を通じて生徒や保護者から信頼を集めると、限定した指導しかない教師は「良い教師」とはみられなくなる。そのため、教師が進んで自らの役割を制限することは簡単ではなく、結果として教師の多忙に歯止めがかからなくなる。指導の文化はこうした教師のジレンマも生じさせる両義的な側面をもっている。

4　現代社会と新しい教師の役割

教師の仕事も時代や社会の状況が変わることで、変化していく。変化の激しい社会の中では、求められる教師の役割や専門性も異なっていくが、現代社会の中で教師はどのような役割が求められているのだろうか。最後に現代社会の中で求められている教師の新しい役割の特徴やその背景について考えてみたい。

(1)　グローバル化と「新しい能力」の育成

近年、学校教育の中で重視されている教育内容に「知識を活用する力」の育成がある。文部科学省による全国学力・学習状況調査（全国学力テスト）でも、基本的な知識量を測るA問題と、活用力を測るＢ問題を区別するテスト設計がなされてきた。それほど、学校現場では知識の活用が重要な「新しい能力」として考えられている。

その発端とも言えるのが、ＰＩＳＡと呼ばれる国際学力テストである。ＰＩＳＡとは、ＯＥＣＤ（経済協力開発機構）による、国際的な生徒の学習到達度調査（Programme for International Student Assessment）の略称である。三年ごとに行われるこのＰＩＳＡの日本の順位は、ニュースで報道されるほど注目を集めている。

ＰＩＳＡが特に注目された理由の一つに、テスト内容の新しさがある。ＰＩＳＡでは子どもたちが単にどれだけの知識を知っているかではなく、現実の課題に対してその知識を活用する能力＝コンピテンシーを重視している。例えば、理科にあたる「科学的リテラシー」は、「自然界及び人間の活動によって起こる自然界の変化について理解し、意思決定するために、科学的知識を使用し、課題を明確にし、証拠にもとづく結論を導き出す能力」と定義されている(6)。この定義にみるように、知識をただ知っているだけでなく、現実の課題に対していかに知識を適切に活用し、課題を解決できるかがＰＩＳＡでは問われている。

ＰＩＳＡが活用する力を重視する背景には、グローバル化が進行する社会状況がある。すなわち、これまで以上に社会変化のスピードが速くなり、人・モノ・情報の流通が活発になると、人々が直面する問題もより複雑化していく。こういった社会の中で活躍する人材を育てるには、単に知識をたくさん暗記しているだけでは、十分ではないというわけである。

　こうした新しい能力観は、学校教育に大きな転換を迫っている。もちろんこれまでも活用する力が重要であることは言われてきた。しかし、従来の日本の学校教育では、受験学力という言葉に象徴されるように、学校のテストや受験では知識の有無が強調されてきた。高校や大学受験ではどうしても、知識量を問う形式の試験が多く、その結果が選抜に用いられるため、学校もこうした試験に対応する形で授業を行わざるを得なかった。

　ＰＩＳＡに対しては賛否両論あるが、ここではそうした評価は別にして、社会の中でこうした能力の育成が求められれば、教師たちは自身の授業のやり方や、評価の方法に再考を迫られる点に注目したい。何を活用する力とするのか、いかに指導や評価を行えばよいのか、活用する力の育成は非常に難しい課題である。複雑化する社会の中で、より高次の能力の育成が学校現場に求められるほど、その教育方法は容易ではなくなっていく。

　仮にその教育方法が実践できたとしても、活用する力の育成のような、学習の仕方や評価の方法が不明瞭になりやすい場合、子どもの家庭環境によって学習の有利不利が出やすく、教育格差を助長するとの指摘もある[4]。このように一つの教育内容をとってみてもさまざまな課題があり、教師たちは社会からの要求の中で暗中模索しながら、自らの専門性や役割を変化させなければならない。

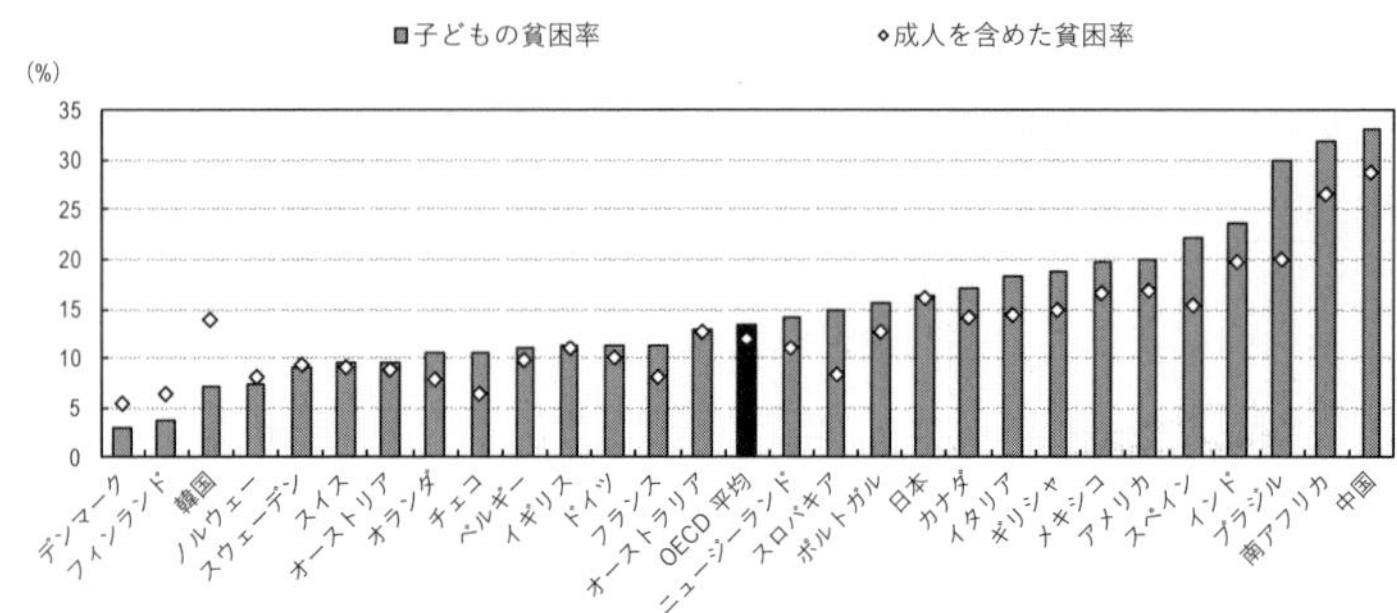

図8-8　各国の子どもの貧困率
（データは OECD Income Distribution Database より作成。グラフは 2015 ～ 2018 年の間で利用可能な最新のデータ。）

⑵　現代社会の教育問題と教師の役割

ＰＩＳＡの例は子どもに身につけさせたい能力、すなわち教育内容に関するものだが、社会の中で取り上げられる教育問題によっても、教師の役割は左右される。教育問題といっても、いじめ、不登校といった常に問題化されるものもあれば、時代によって問題化されたり、されなかったりするものもある。学校は公的な機関でもあるので、社会の中で注目される教育問題には常に目を配らなくてはならない。

例えば、近年注目されるようになった教育問題に「子どもの貧困」がある。長年、経済先進国の日本は「貧困」とは無縁の国と考えられてきた。もちろん戦後から貧困の子どもは存在していたが、高度経済成長を経て社会全体が豊かになり高校進学率も上昇する中で、一度は貧困の問題が忘れ去られた。その後、経済的な不況が到来し、格差問題が表面化したことで、再び子どもの貧困が注目されるようになった[1]。

特に日本の子どもの一六・三％が相対的貧困という事実が、社会に大きなインパクトを与えた（図８-８）。相対的貧困とは、ある国の中の平均的な生活水準からみて著しく家庭の所得が低い状態を指し、厳しい生活状況におかれた子どもの割合を把握するために用いられている。上記の日本の数値は、国際的にみても悪い数字である。経済的に困窮し、生活基盤が不安定な子どもは学校適応や進路選択に不利を抱えやすい。貧困の子どもをどのように支援していくか、学校現場は改めてその体制が問われている。

こうした教育問題がクローズアップされることで、教師の専門性も転換を迫られる。子どもの貧困を例に考えてみたい。まず経済的に豊かな時代では、先に述べたように日本の学級は生徒数が多いため、教師は学級集団のまとまりをつくりながら、一斉授業形式で授業を進めるスタイルが基本的な教授方法であった。経済的に豊かな社会では、貧困の子どもはいないという認識があるため、基本的な生活条件は同じという前提のもと、学習に遅れる子どもは「個人の努力の問題」とされやすかった[7]。それよりも、大量の生徒に対して、限られた時間の中で学習内容を教え込む一斉授業を成立させることの方が、教師にとっては重要な課題であったとも言える。

しかし、貧困の子どもの存在が明るみとなった現代社会では、学習についていけない貧困の子どもを「個人の努力の問題」として対処することは適切ではない。教師に求められるのは、その子の学習課題の状況や家庭の生活環境を把握し、スクールソーシャルワーカーなど他の専門家や機関と連携をしながら、その子に適した支援を行っていく役割である[9]。このように今日の教師は、貧困の子どもに関する必要な知識や、支援をするための方法を取り入れて、問題に対応することが求められている。

もちろん貧困の子どもを支援する上では、後者の貧困問題に対応する教師像の方が望ましいだろう。ただ教師の立場から考えると、さまざまな教育問題が表出する社会の中では、その都度、必要な専門知識をとりいれて、自らの指導スタイルも柔軟に変えていかなくてはならない。子どもの貧困は一例だが、いじめ、不登校といった一般的な教育問題だけでなく、障がいのある子ども、外国籍の子ども、虐待家庭の子ども、被差別部落の子どもなど、さまざまなニーズのある子どもが学校にやってくる。社会状況の変化が速くなり、教育問題が多様化していけば、それに対応する形で教師の方も頻繁にアップデートしていかなくてはならない。課題のある子どもをどのように支援していくか、そのためにどのような専門的知識が必要なのか、教師たちは変動社会の中で自らの専門性を再定義し続けることが必要になっている。

本章では、学校で教えるということ、また教師の仕事や役割の複雑さを考えてきた。教育社会学という、社会科学の視点から教師の仕事を考えることで、教師という馴染みのある職業が、制度・文化・社会とさまざまな関係の中で成り立っていることがわかる。

ただ、教師の仕事の特殊性や複雑さにフォーカスをあてたため、結果として「教師＝困難な仕事」という印象を与えたかもしれない。しかし、多くの教師は生徒の成長に関わることのできる教師という職業にやりがいや働きがいを感じている。[2]「難しいがやりがいもある」教師の仕事の内実やその構造を、社会科学の視点から観察することで、よりディープな教師の世界をのぞいてほしい。

引用文献

（1）相澤真一・土屋敦・小山裕・開田奈穂美・元森絵里子（二〇一六）『子どもの貧困の戦後史』青弓社
（2）Benesse 教育研究開発センター編（二〇一六）『第6回学習指導基本調査報告書（中学校版）』（https://berd.benesse.jp/up_images/textarea/gkihon_data_chu_kyoin.pdf）
（3）Benesse 教育研究開発センター編（二〇一三）『学校教育に対する保護者の意識調査 2012』（https://berd.benesse.jp/up_images/research/all.pdf）
（4）バーンステイン・B（一九八〇）（佐藤智美訳）「階級と教育方法」カラベル・J、ハルゼー・A・H編『教育と社会変動 上』二二七–二六〇　東京大学出版会
（5）フクザワ・R・E、レタンドラ・G・K（二〇〇六）（阿内春生訳）「『教師』の文化的役割」ローレンス・マクドナルド編『世界から見た日本の教育』七三–八三　日本図書センター
（6）国立教育政策研究所（二〇一六）『生徒の学習到達度調査――2015年調査国際結果の要約』（https://www.nier.go.jp/kokusai/pisa/pdf/2015/03_result.pdf）
（7）久冨善之編（一九九三）『豊かさの底辺に生きる』青木書店
（8）宮澤康人（二〇一一）『〈教育関係〉の歴史人類学』学文社

(9) 高田一宏（二〇一九）．『ウェルビーイングを実現する学力保障　教育と福祉の橋渡しを考える』大阪大学出版会
(10) 太郎丸博（二〇一四）．「先生」の職業威信『日本労働研究雑誌』六四五、二-五
(11) 酒井朗（一九九九）．「『指導の文化』と教育改革のゆくえ」油布佐和子編『教師の現在・教職の未来』一一五-一三六　教育出版
(12) 志水宏吉（二〇〇二）．『学校文化の比較社会学』東京大学出版会
(13) ウォーラー・W（一九五七）．（石山脩平・橋爪貞雄訳）『学校集団』明治図書
(14) 柳治男（二〇〇五）．『〈学級〉の歴史学』講談社

参考図書

・**古賀正義（二〇〇一）『〈教えること〉のエスノグラフィ――「教育困難校」の構築過程』金子書房**

「教育困難校」の高校を舞台に、学校で教えることのリアリティに迫った本。著者自身が実際に教師として教壇に立った経験から、指導が成立しない教室や困難校における退学の意味などが描写されている。理論的な議論は初学者には難しいかも知れないが、事例を通じて困難校で教えることのリアリティを体感することができる。

・**志水宏吉 編（一九九九）『のぞいてみよう今の小学校――変貌する教室のエスノグラフィ』有信堂**

小学校でのフィールドワークから、小学校における日常の教室の様子や、さまざまな社会的背景をもつ子どもの課題を取り上げた本。学校における指導や評価の問題だけでなく、外国人の子どもや障がいのある子どもへの支援など、学校におけるさまざまなテーマがフィールドの事例とともに描かれている。小学校教師が直面する課題や、小学校で教えることの多面的な現実を教えてくれる。

・**山田浩之（二〇〇四）『マンガが語る教師像――教育社会学が読み解く熱血のゆくえ』昭和堂**

教師を題材とした漫画は多数あるが、その中で登場する教師は「熱血教師」であることが多い。この本では、漫画で描かれる「熱血教師」の共通性やその背景が検討され、メディア分析を通じて社会の中で期待される「教師像」の内実を整理している。メディアと現実の教師の関連性を考える上で示唆に富む文献である。

第3部

教えることの理論と実践

第9章　交通安全を教える・学ぶ

中井　宏

1　はじめに

筆者の専門は交通心理学である。心理学に関心がある読者も、交通心理学という学問分野は初めて聞いたという人もいるかもしれない。交通心理学は自動車交通の進展とともに発達してきた応用心理学の一分野である。大阪大学人間科学部においては、第二次世界大戦中のパイロットの適性検査に端を発し、この分野の研究が脈々と受け継がれた歴史がある。なお交通には、自動車や歩行者が移動する道路交通の他に、鉄道や航空機、さらには船舶による交通があるが、現代の交通心理学では主として道路交通が研究対象となっている。交通工学や交通医学、交通経済学など他の交通科学と協働しながら、交通に関する種々の課題解決を目指している。解決すべき課題には、渋滞のような移動効率に関する問題、地球温暖化に繋がるエネルギーの問題、運輸・運送業界における人手不足の問題などもあるが、本章では交通事故の防止を扱う。

2　事故の原因と対策

産業事故（建設業や製造業などでの労働災害や医療過誤など）においては、五つのMが事故やヒューマンエラーの原因とされている。五つのMとは、Man（人間）、Machine（機械）、Media（環境）、Management（管理）、Mission（任務）である。

Man（人間）は、人の心理的・身体的な要因や、知識・技能の水準、人間関係などである。交通事故の場合、運転者や歩行者の性格、疲労や眠気のような心理・生理的状態、運転経験、同乗者や周囲の道路利用者との関係などが原因となりうる。

Machine（機械）は、人が用いる機械や設備であり、その性能や使いやすさ、整備状況のことである。交通事故では自動車や自転車がMachineに相当し、ブレーキやタイヤの性能、老朽度や整備状況の他、カーナビ等の車載機器の見やすさや使いやすさが関わってくる。

Media（環境）は、雨や雪、霧や突風などの自然環境の他、照明や騒音のような人為的環境の影響である。交通事故の場合、これらに加えて、舗装状況や凍結などの路面状況、幅員や車線数といった道路形状、また信号機や中央分離帯のような安全施設の有無、周囲の交通量などが影響を及ぼす。

Management（管理）は、労働災害などの場合、作業者が所属する組織が定める規則や手順、指導や監督のあり方である。交通事故の場合には、バスやトラックなどが事故を起こした場合、勤務時間の管理や乗務前の点呼の状況など、会社の安全運転に対する管理体制が問われることがある。

Mission（任務）は、作業や仕事の内容や目的のことであり、困難な仕事はヒューマンエラーや事故に繋がりやすい。医薬情報担当者（Medical Representative; 略してMR）という職業をご存知だろうか。主に製薬企業の営業部門に所属し、医師や薬剤師等の医療関係者に面談し、自社の医療用医薬品の品質・有効性・安全性などに関する情報の提供・収集・伝達を主な業務とする。このMRは、非常に交通事故の多い職業だと言われている。日本製薬工業協会の「環境報告書二〇一八」[12]によれば、MRに過失があった有責事故に限っても、二〇一七年度の事故率（＝事故数／車両台数）は一七・五％であった。特に新人MRの事故は目立って多く、二〇一六年度の新卒MR（赴任後一年以内）の事故率は六九・七％であった（二〇一五年度は八一・六％なので、これでも改善したとは言える）。病院に勤務する医師らは多忙を極めるため、面談時間が分単位で指定されることも多い。これがMRの焦り・急ぎを招き、高い事故率に繋がっていると考えられる。

以上5Mの考え方は、アメリカの国家運輸安全委員会（National Transportation Safety Board）が一九六〇年代に考案したもので、それ以降さまざまな国の多くの分野で事故原因を究明する際に用いられている。ただし交通事故の場合、業務で運転する場合を除いては、人間、機械（主に車）、環境の三つのMを検討することが多い。この三つの中では運転者や歩行者といった人間に起因する事故が最多と言われており、一九七〇年代後半にイギリスやアメリカで起こった交通事故を分析したところ、事故の九〇％以上は人間が関与していた[15][17]。現代は、当時より車の性能も道路環境も安全になっていると考えられることから、人間に起因する事故の割合は更に高まっていると予想される。

では、事故を防ぐ対策にはどのようなものがあるだろうか。事故原因の５Mと同じように、対策にも５Ｅと呼ばれるものがある。Engineering（工学）、Education（教育）、Enforcement（取締り）、Environment（環境）、Example（事例）である。工学的対策には、道路整備や信号機等の交通安全施設の整備、車両性能の向上などがあり、最近では自動運転車の開発に期待が高まっている。教育的対策は、新規免許取得希望者に対する講習や、免許既得者に対する再教育のような運転者教育の他、学校や地域での交通安全教育・交通安全啓発活動などがある。取締りは、警察による取締りの他、交通安全に関わる法規の施行などである。環境的対策は、歩車道分離のための植樹や路面表示の整備等を指し、事例とは、規範や事例を小冊子等で示すような対策を指す。基本的にいずれの対策も、道路を利用する人間の心理や行動の変容を目的とするものであり、人間科学という学問からのアプローチが可能であるが、本書は「学ぶ・教える」ことをテーマとしているため、特に教育的対策について述べる。

3　歩行者・自転車向けの安全教育

歩行者や自転車向けの交通安全教育は、子ども向けに学校で実施されるものが多い。交通ルールを座学形式で学ぶ集団講習や、校庭に設置された模擬道路での横断訓練などがある。また学校区の白地図を用いて、交通事故のリスクが高い箇所に目印を付けるハザードマップ作りも盛んに行われている。学校区のハザードマップ作りは、交通安全だけでなく、防災や防犯の視点をも同時に取り入れることができるため、多くの学校で実施されている安全教育である。子どもたち自らが通学する区域での具体的な危険箇所を知ることができるため、普段の生活に即座に活かすことが期待される。

中高生を対象とした交通安全教育では、スタントマンが衝突場面を再現して受講者に見せることによって、安全な行動を促そうとする取り組みも広く行われてきた。この方法はスケアードストレート法（scared straight method）と呼ばれ、一九七〇年代頃から青少年への犯罪抑止対策に使われてきたものである。[7] 非行少年や子どもが、刑務所での服役生活を見学することを通じ、犯罪を未然に防ぐことが期待されていた。スケアードストレート法を用いた交通安全教育では、これと同様に恐怖心を高めることによる交通安全態度の醸成を目的としている。実際の衝突を目の当たりにして恐怖心が高まることにより、事故を避けたいという動機が喚起され、安全な交通に繋がることが期待されている。しかし、衝突場面を再現して事故の脅威をアピールするだけでは十分とは言えず、安全行動の有効性を理解させ、交通事故が誰にでも起こりうることだとの認識を高めることが重要とされている。[12]なお二〇一九年四月に、京都府にある中学校の交通安全教室中にスタントマンが誤って車両に轢かれ、命を落とす事故が発生したこと等から、今後はこの種の交通安全教育が学校で実施されることは減っていくと予想される。

では、学校では安全教育をどのように進めていけば良いだろうか。文部科学省[8]によれば、学校安全の活動は、安全教育と安全管理、さらにこの二つを円滑に進めるための組織活動という三つの主要な活動から構成されている。このうち安全教育は、児童生徒等が自らの行動や外部環境に存在するさまざまな危険を制御して、自ら安全に行動したり、他の人や社会の安全のために貢献したりできるようにすることを目標としている。そこで筆者らは、①危険箇所を見つけるだけでなく、事故・負傷の予防に必要な具体的行動目標を自律的にもたせること、②その具体的行動目標を、属する集団で共有させること、の二点を狙いとした小学生（高学年）向けの安全教育プログラムを開発した。[10]この教育プログラムでは、ただ単に危険な箇所を見つけるだけでなく、事故や負傷を防ぐための具体的な行動目標を児童自身に立てさせ、その目標を標識やポスターにして、皆の目に触れる箇所に掲示させている。ハザードマップ作りのように、どこが危険かを知るだけでなく、どうすれば身を守れるかを考えさせる点にポイントがある。教育のキャッチコピー「標識（ひょうしき）作って　なくそう事故を　どこで　どうする　理解（りかい）して」を踏まえて「ひなどり」と命名し、大阪府下の公立小学校で実践している。鳥の雛が、餌の取り方や空の飛び方、天敵から身を守る術を身に付けた後、一人前に巣立っていく過程にも由来した名称である。

「ひなどり」を開発するにあたり、目標設定理論（goal setting theory）[5]という心理学の理論を応用した。この理論は、目標と課題遂行の関連を説明しようとする理論で、明確かつ具体的な目標や、達成が困難すぎず簡単すぎない適度な目標は動機付けを高めるとされている。また、当人がどの程度目標を受け入れているかが重要であるため、他者が設定した目標よりも、自身で目標を設定するほうが、その達成に向けてより努力するとされている[6][16]。従来の安全教育の多くは、教師や親、警察官等が安全に関する目標を指示することが多かったが、「ひなどり」では児童自身に目標を設定させる点に特徴がある。読者の皆さんも、親や先生から「〇〇ページまで勉強しなさい」と言われるよりも、「今日は〇〇ページまで頑張ろう」と自分で目標を立てる方が、勉強に打ち込めたという経験はないだろうか。

また、目標とした行為を実行するためには、「いつ、どこで、どのように遂行するか」という具体的な目標を設定することが重要である。安全教育に当てはめると、「交通ルールを守る」といった漠然とした目標ではなく、「学校の向かいの角を曲がるときは、一旦停止する」といった

図9-1　児童が作成した標識の一例（左）および「ひなどり」実施風景（右）

具体的な目標を持つことが肝心である。「ひなどり」では、目標を標識やポスターにしたものを掲示することにより、「いつ、どこで、どうすれば良いか」という目標を具体化することができる。

学校での安全教育の中には、有効性が検証されていないものも多いが、学校敷地内での事故防止を狙いとした校内版「ひなどり」では、教育実施後に負傷で保健室を訪ねる児童数が他学年に比べて大きく減少した。また学校区での事故予防を狙いとした校外版「ひなどり」では、児童の危険を見つける能力が向上することが明らかとなっている。しかし、日々の業務に追われる学校では、安全教育に割ける時間に限りがあるため、普及や展開が思うように進んでいない点は課題である。

なお学校（特に、学外）での安全教育には、保護者や地域住民の協力が欠かせないが、手伝いとして参加する大人にとっても、自分の交通行動を振り返る良い機会になるようだ。また学校での安全教育に参加することで世代間交流が促進され、地域で子どもを守る共助の仕組みが自然と整備されることも副次的な効果として期待される。

４　運転者教育の目標

次に、運転者への安全教育を取り上げる。新たに運転免許を取得しようとする者の育成については、法律や規則で厳格に定められているが、その内容は国や地域によってさまざまである。例えば段階的な運転免許制度は、運転免許を新規取得する際の制度として一九八七年にニュージーランドで開始され、その後オーストラリアやアメリカの一部の州で導入されている。制度の一例を紹介すると、第一段階では同乗者からの指導を受けながらの運転のみが許可され、第二段階では単独での夜間走行や若者の同乗を禁じるなどの期間を一年半～二年程度経て、本免許の取得に至るような仕組みである。指導役となる同乗者の年齢や経験等の要件資格、運転条件の具体的な状況、さらには各段階の期間等は国や州によって異なっている。段階的な運転免許制度を導入した国では、初心運転者の事故防止に制度が一役買ったとされているもの[14]の、これらの地域ではもともと家族等の大人から受ける私的な訓練が一般的であった。我が国では、運転者に対する安全教育の中心はもっぱら自動車教習所が担っていると言える。特に初心者への教育では、教習の内容や順序、評価の基準等が指導要領でほぼ定められており、全国どこの指定自動車教習所に通ったとしても、同じように教習される仕組みが確立されている。その過程で仮運転免許制度はあるが、これは路上での練習をするための免許であり、ある程度の運転経験を積ませた後に本免許を取得させるという諸外国の制度とは一線を画すものである。

運転者に何を身に付けさせるべきかという観点で、教育のあり方を整理したGDE（Goals for Driver Education）モデル(3)（図9-2）という概念モデルがある。このモデルのベースとなる考え方は、安全運転に必要な技能が四つの階層構造を持つ技能から構成されているということである。四つの技能は下位から順に「車両の操作」「交通状況への適応」「運転の目的や文脈」「人生の目的や生きる力」となっている。上位層の技能は下位層の技能に対して支配的な影響を及ぼすと考えられているため、安全な交通社会の実現には上位層に含まれる技能の教育や訓練が不可欠とされ、ヨーロッパ諸国の運転者教育や試験はGDEモデルにもとづいている。ヨーロッパでも、かつての教習や試験は、特に車両操作に関わる図中の下方や左列に重点が置かれていたが、現在では、図中の上方や右列こそがより安全に関わり、運転者にとって重要と考えられている。このモデルの概念を取り入れた具体事例として、フィンランドやスウェーデン、オランダなどでは、運転免許試験の中で自己評価と検定員評価の比較がなされ、両者の乖離が大きい場合には免許を与える前にその修正が必要となる制度が導入されている（すなわち、自信が高すぎる場合には、免許を取得することができない）。一方で我が国では、卒業検定の合否だけがフィードバックされ、自己評価の正確性が問題となることはない。受検生にとっては合格か不合格かという

行動の階層レベル	含まれる内容（例）		
	知識・技能	リスク要因	自己評価
人生の目的や生きる力	人生の目標や個人的な傾向が運転行動に及ぼす影響に関する知識とそのコントロール —ライフスタイル —集団規範 —動機 —自制心や他の特性	リスク傾向 —リスクアクセプタンス —運転を通じての自己高揚感 —高いセンセーションシーキング —社会的圧力 —アルコールやドラッグ —社会に対する態度や価値観　など	以下に関する自己評価あるいは自己認識 —衝動制御のスキル —リスク傾向 —安全上好ましくない動機 —個人のリスク習慣　など
運転の目的や文脈	以下に関する知識とスキル — trip goals が運転に及ぼす影響 —計画とルート選択 —所要時間の評価 —車内での社会的圧力の影響 — trip の必然性の評価　など	以下に関わるリスク —ドライバーの状況（気分、BAC など） —運転の目的 —運転環境（都市部／郊外など） —社会的文脈や仲間 — extra motives（競争など）など	以下に関する自己評価あるいは自己認識 —計画のスキル —運転の典型的な目的 —不安全な運転に繋がる典型的な動機　など
交通状況への適応	以下に関する知識とスキル —交通ルール —信号への対応 —状況の予測 —速度調整 —コミュニケーション —進行方向 —進行順 —他車との距離／セーフティマージン　など	以下によって起こるリスク —予期の誤り —リスクを促進する運転スタイル（例：攻撃的） —不適切な速度行動 —交通弱者 —ルール違反や予測できない行動 —情報過多 —困難な状況（暗闇など） —不十分な自動化　など	以下に関する自己評価あるいは自己認識 —基本的運転技術の長所と短所 —運転スタイル —セーフティマージン —危険状況での長所と短所 —現実的な自己評価　など
車両の操作	以下に関する知識とスキル —方向や走行位置のコントロール —タイヤのグリップと摩耗 —車両特性 —物理的現象	以下に関するリスク —不十分な自動化 —不適切な速度行動 —困難な状況（滑らかな路面など）　など	以下に関する認識 —基本的操作スキルの長所と短所 —危険な状況での長所と短所 —現実的な自己評価　など

図9-2　GDE マトリックス

（Hatakka et al. 2002（引用文献 3）をもとに作成）

試験結果がもっぱらの関心事である。

なお紙数の都合上、本書では詳細に触れないが、高齢者講習をはじめ、免許既得者に対する安全教育についても、その内容や手法について交通心理学者による研究が進められている。筆者もこれまで、交通事故の加害者や被害者のそれぞれの視点を三六〇度ＶＲ映像で体験できる交通安全教育用シミュレータの監修や、あおり運転等の予防を目指した教育プログラムの開発などを手がけてきた。しかし最大の問題は、安全教育の受講をどのように動機づけるかという点である。従業員に安全運転教育を受講させている企業もあるが、そうした企業に属さない大部分の人々は、教習所を卒業してから高齢者講習を迎えるまでの間に運転免許更新時の講習くらいしか教育機会がないのである。しかも一般運転者講習や優良運転者講習では、安全運転に必要な知識や道路交通法令の改正点を知らされる程度であり、自身の運転ぶりをチェックされることはない。教育を受ける機会がほとんどない中で、自身の運転を安全に保つには、「自分の運転は、これで安全なのだろうか」と各自が考えることが第一歩ではないだろうか。例えば「自分は痩せている」と思っている人はダイエットしないだろうし、「自分は英語ができる」と思う人は英会話教室にわざわざ通わないだろう。同じように、「自分は運転が上手い」とか「自分が事故に遭うはずがない」と思っている人は、安全運転を気にかけることがほとんどないと考えられるため、効果的な交通安全教育のためには、「自己評価」に注目する必要があると言える。

5　自己評価の重要性

危険を認識していながら、あえてその危険を冒すことがある。これはリスクテイキングと呼ばれ、交通場面ではよく見られる行動である。具体例として交差点での右折待ち場面を考えると、我々は、対向直進車や左折車との間合いを測りながら、右折を開始するか、その場に留まるかの判断を下す。対向車が全くいない状況では、対向車との衝突リスクはゼロとなるが、常にそういった状況になるとは限らない。対向車の接近が見えていても、相手が交差点に到達する前に自身が右折を完了できると判断すれば、進入を開始する。このとき行くか行かないかを判断する一つの基準となるのが、加速やハンドル操作の技能に対する自己評価（むろん自車の性能評価も関わる）である。「素早く右折できる」という自信が高いほど、対向車がより近い位置まで接近していても右折を開始するだろう。つまり、自信が高い運転者はリスクテイキングをしがちであり、結果的に事故リスクが高いと考えられる。また、高齢者の中には、視機能や身体機能の低下に伴って、雨天時や夜間の運転を控えたり交通量の多い道路・時間帯を避けたりという補償方略をとる（心身の衰えが運転に支障を来さないように何らかの工夫や努力をする）運転者がいる一方で、自己評価が高い高齢者は、あまり補償方略をとらないとの報告もある[1]。さらに、自己評価が高い運転者は交通安全キャンペーンなどの啓発活動に対して、「自分以外の他者を対象としている」と感じ、効果があがりにくいとの指摘もある[18]。

運転技能の自己評価を扱った研究は一九八〇年代から盛んに行われるようになり、主にアンケート調査が実施された。最も一般的な尋ね方は、「あなたは平均的な人よりも運転が上手ですか」というものである。このような研究ではほぼ例外なく過大評価傾向が見られることが知られている。しかし、アンケート手法にもとづく研究では、自己評価が高くても、「本当に優れた技能を有するために評価が高い運転者」と「過信があるために評価が高い運転者」を区別することができないという問題があった。また「平均的」という言葉そのものが相対的にネガティブなイメージをもつことから（例えば、「あなたは平均的な人ね」と言われると、やや悪い意味に聞こえるのではないだろうか）、運転技能の比較対象に自分より下手な運転者をイメージする傾向が指摘されている。[2]

また、「運転技能」をどのように捉え、評価するかという点も問題となる。以前、大学の講義で、「優れた運転技能」と聞いてイメージする像を自由に書いてもらったことがある。サーキットを短時間で周回できることや、スムーズにバックで駐車できることという回答が大半で、残りは省エネ運転などであった。いずれも、先ほどのGDEモデルで下位層に位置する技能に含まれるものであり、上位層の技能に言及した回答はなかった。ハンドルやペダル操作に関するこれらの技能は自動車を運転するための大前提ではあるが、パワーステアリングやABS（Anti-lock Braking System）が標準的に装備された今日の自動車では、ハンドルを切るのに大きな力は必要ないし、ブレーキを力一杯踏んでもタイヤがロックして制動距離が伸びることはない。また操作が速く正確であるのは理想だが、サーキットを速く走れなくても、駐車が一回で決まらなくても、安全面ではさほど重要でないと考えられる。余談になるが、北欧諸国では冬季のスリップ事故が若者を中心に増えたために、凍結路での制動訓練をかつて義務化したことがある。ところが、訓練受講者のブレーキ操作への自信は高まったものの、事故を減らすには至らず、この政策は失敗に終わった。教育では操作技能向上を目指すだけではなく、操作技能に限界があることを知らしめることも重要であるとの教訓を得たわけである。

6　自分の弱点に気付かせる方法

筆者は、卒業検定を受け終えたばかりの教習生約二〇〇〇名を対象に、速度やハンドル操作、安全確認等に対する教習所指導員評価と自己評価の五段階評価を比較する調査を実施した。[11] その結果、四〇％程度の教習生は自己評価と指導員評価がおおむね一致していたが、自己評価が指導員評価より高い人も二〇～四〇％ほどいることが明らかとなった。教習所に通っているまだ超初心者の時点で、既に自信過剰な人がいるのである。ちなみに、速度やハンドル操作に比べて、安全確認は過大評価されやすい傾向があった。教習生のような初心者のうちは特に、駐車スペースに真っ直ぐ入らず何度も切り返したり、狭路でのすれ違い時に思わずサイドミラーを接触しそうになったりすることがある。このように、操作の技能が低いことによる結果は目に見えやすいため、自己評価を下方修正するきっかけになる。自信がなければ恐る恐る運転することに繋がり、後退時には周囲への目配りが慎重になり、狭路では相手に先を譲ることもあるだろう。一方で安全確認の技能については、仮に自分のやり方に不十分なところがあっても、その結果がなかなか目に見えず、事故を起こして初めて弱点に気づく場合が多い。筆者のこれまでの研究によると、初心者に限らず中高年者にもしばしば見られる弱点の一つが、後退時の後方確認不足である。後退する際に一旦止まってギアを「R」に入れ（オートマチック車の場合）、後方を振り返るより先にブレーキを緩めて退がり始める人がほとんどである。また左バックでは左側の、右バックでは右側のサイドミラーはしっかり確認しているのだが、逆側のミラーや後方の確認は疎かになりがちである。最近ではバックモニター（カーナビ画面やルームミラー内に自車後方の様子を映すモニター）を見る人も増えているが、ギアを「R」に入れてからモニター画面に後方の映像が映るまでに若干のタイムラグがあり、その間に退がり始めている人もいるのである。現実として、ガレージ内で遊んでいた自分の子や孫を轢いてしまう事故が年に数件起きている。このような事故を起こして初めて悪癖に気づくのは悲しいことである。皆さんも自分の確認の仕方はどうかチェックしてみてはどうだろうか。

また、二〇～七〇歳代までの既に免許を持っている者を対象に同様の研究を実施したところ、教習生以上に過大評価者の割合が高く、安全確認に関していえば、五〇～六〇％の人が過大評

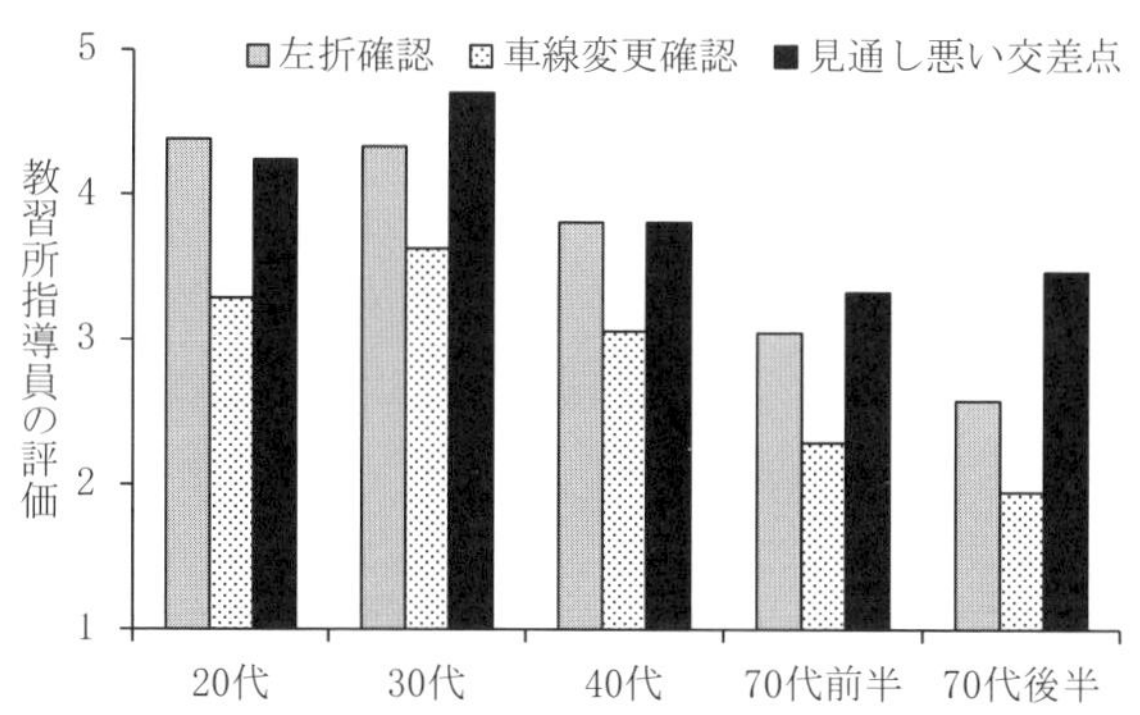

図9-3　年代別に見た運転技能の指導員評価
（出典：中井、2013（引用文献9））

価であった。年代別の特徴では、高齢になるほど過大評価者の割合が高まることが明らかとなった。しかし実は、自己評価は二〇代でも七〇代でもさほど変わらない。指導員による評価が年齢とともに低下するため、過大評価者が増えるのである。

それでは、何歳頃から運転技能は低下し始めるのだろうか。図9-3を見てほしい。代表的な結果として、左折時の安全確認、車線変更時の安全確認、そして見通しが悪い交差点での速度に対する指導員評価の平均値を二〇代、三〇代、四〇代、そして七〇代の前半と後半（各年代二〇〜三〇名前後ずつ）に分けて示している。この図からは、高齢運転者の運転技能が若中年運転者よりも低いことが読み取れる。さらに、四〇代の運転技能が三〇代よりもやや低いことにも気付くだろう。二〇代と三〇代にも若干の差が見られるが、二〇代には免許を取得して間もない初心者が少なからず含まれるためであろう。そう考えると、運転技能のピークは三〇代であり、四〇代から徐々に低下が始まる可能性がある。もちろん、この研究では五〇代と六〇代のデータがないため仮説の域は出ないが、四〇歳を過ぎた頃に一度自身の運転を見返してはどうだろうか。

とはいえ、自分の運転を見返すのは非常に難しい。理由は二つあるが、まず一つに、目標となる理想の運転行動（どのような運転をすべきかという具体像）がイメージしづらいという点である。初心者の頃、基本として教わっているはずなのだが、いつの間にか（良かれ悪かれ）自己流にアレンジされ、立ち返るべき基本が忘れ去られているようである。また二つ目の理由として、自分の口癖が自分では分からないのと同じで、自身の運転を客観的に見つめにくいという点が挙げられる。先ほど、後退時の安全確認に関して、ブレーキから足を離すのが先か、後ろを見るのが先かをチェックしてみるよう勧めたが、やってみると案外難しいことに気づくだろう。というのは、普段どのようにバックしているか思い返そうとしても、日常的に意識したことがないので、どちらが先か思い出せないのだ。また、車に乗ったときにチェックしようと思っても、逆に意識しすぎて普段通りの行動が行えないものである。そうなると、自分の普段の運転を撮影・記録し、後に見直すという手続きが必要になる。最近は、ドライブレコーダを車載する人が非常に増えている。あおり運転の被害や事故に遭ったときの証拠映像として記録しようと考えている人が大半だが、中には前景とともに、自分の挙動を撮影できる製品もある。そういった製品を利用し、たまには自分の運転をチェックしてみてはどうだろうか。

また、お金のかからない試みも紹介しておく。無信号交差点では、ほぼ全てにおいて優先側と非優先側が定められており、非優先側には一時停止が義務づけられていることが多い。では、皆さんが自宅を出て学校や勤務先へ向かうとき、あるいは近所のスーパーへ向かうとき、最初に目にする一時停止標識（「止まれ」と書かれた赤い逆三角形の標識）はどこにあるだろうか？　また二番目に見る一時停止標識は？　三番目の標識は…？　通り慣れた道にもかかわらず、すぐに思い出せた人は少ないのではないか。では、自宅を出て最初の信号機はどこにあるだろうか？　二番目は？　三番目は…？　ついでなので、最初の無信号横断歩道はどこだろうか？　二番目は？　三番目は…？

おそらく、信号機を思い出すのは、一時停止標識や無信号横断歩道よりも簡単だったはずだ。視界に映っても注意を向けなければ記憶には残らないという人間の特性がある。逆に記憶に残っていないということは、普段注意がほとんど向けられていない可能性がある。信号が何色であるかに注意を払い、赤信号で止まった体験が信号機の記憶に強く結びついているとすれば、思い出せなかった一時停止標識の交差点では一時停止していない可能性が高い。また、無信号横断歩道が思い出せない場合、「渡ろうとする歩行者・自転車がいるかどうか」に注意を向けずに走行している可能性が高い。歩くのがお好きなら散歩がてら、億劫ならGoogleマップのストリートビュー機能等で、答え合わせをしてみてはどうだろうか。

7　おわりに

本章では、自転車や歩行者に対する学校での安全教育、そして運転者に対する安全教育について述べた。イザヤ・ベンダサンこと山本七平氏が著書『日本人とユダヤ人』[4]の中で、日本では水と安全はタダだと思っている人が多いと記しているが、確かに日常的に安全を意識することは少ないかもしれない。しかし、安全な交通社会の実現には、事故を他人事として捉えないことが大切であり、道路を利用する我々一人ひとりが「自分の行動は、これで安全なのだろうか」と考え、家庭や職場、地域で安全を話題にすることが、交通安全の最初の一歩であり、最も重要な一歩ではないだろうか。

その上で、自分の運転に悪いところがないか気になる方は、四〇歳前後から教習所指導員のような専門家のチェックを定期的（筆者の研究からいえば三から五年ごと）に受け、悪い習慣が凝り固まらないうちに少しずつ矯正することをお勧めする。とはいえ、時間と費用がかかるので、誰もがすぐにというわけにはいかないだろう。そこで、誰にでも今すぐできる対策は、車に同乗する家族や友人等からの助言・指摘を謙虚に金言として受け止められるような、広い度量を持つことである。助言・指摘の内容は往々にして耳に痛い忠言である。「忠言」とは真心をもっていさめる言葉であり、相手は「改善した方があなたのためになる」と善意から伝えてくれているのである。あなたの安全を願って、言いたくないことを敢えて言ってくれたと捉え、感謝の心をもつことが肝要ではないだろうか。

なお本書を手に取っている皆さんも、かく言う筆者も、道路を利用する以上は、少なからず交通事故のリスクにさらされている。一九九〇年代に大流行したマーフィーの法則にある通り、「可能性のあることは、いつか実際に起こる」のである。ただし、周囲の事故危険箇所を予め知っておくことや、自身の至らぬ点に目を向けて悪癖を矯正することにより、その可能性を小さくできるはずである。この章をきっかけに、皆さんが交通安全を自ら学び、そして周囲に教えていただけるようになれば、望外の喜びである。

引用文献

（1）Baldock, M.R.J., Mathias, J.L., McLean, A.J., Berndt, A.（2006）. Self-regulation of driving and its relationship to driving ability among older adults. *Accident Analysis and Prevention*, 38, 1038–1045.

（2）Dunning, D., Meyerowitz, J.A., Holzberg, A.D.（1989）. Ambiguity and self-evaluation: the role of idiosyncratic trait definitions in self-serving assessments of ability. *Journal of Personality and Social Psychology*, 57, 1082–1090.

（3）Hatakka, M., Keskinen, E., Gregersen, N.P., Glad, A., Hernetkoski, K.（2002）. From control of the vehicle to personal self-control: broadening the perspectives to driver education. *Transportation Research Part F: Traffic Psychology and Behaviour*, 5, 201–215.

（4）イザヤ・ベンダサン（一九七一）『日本人とユダヤ人』角川文庫ソフィア
（5）Locke E.A.（1968）. Toward a theory of task motivation and incentives. *Organizational Behavior & Human Performance*, 3, 157–189.
（6）Locke, E. A., Shaw, K. N., Saari, L. M., Latham, G. P.（1981）. Goal setting and task performance: 1969–1980. *Psychological Bulletin*, 90, 125–152.
（7）宮原慶彦（二〇一〇）．スケアード・ストレイト　『交通工学』四五（六）、四四．
（8）文部科学省（二〇一〇）．学校安全参考資料「生きる力」をはぐくむ学校での安全教育．
（9）中井宏（二〇一三）．自己評価の観点を取り入れたドライバー教育について．『交通安全教育』四八（七）、六–一七．
（10）中井宏・岡真裕美・臼井伸之介・森泉慎吾（二〇一八）．小学生に対する安全教育プログラム「ひなどり」の開発と実践．『安全教育学研究』一七（三）、三三–四六．
（11）Nakai, H., Usui, S.（2012）. Comparing the self-assessed and examiner-assessed driving skills of Japanese driving school students. *IATSS Research*, 35（2）, 90–97.
（12）中野友香子（二〇一七）．スケアードストレート手法を用いた交通安全教育について．『交通科学』四八（二）、四〇–四六．
（13）日本製薬工業協会（二〇一八）．日本製薬工業協会環境報告書２０１８ http://www.jpma.or.jp/about/issue/gratis/eco/eco2018.html（2019/5/29 閲覧）
（14）岡村和子（二〇一二）．若年ドライバーへの交通安全対策の効果に関する文献レビュー　*IATSS review*, 37, 132–141.

（15）Sabey, B.E. & Taylor, H.（1980）. *The known risk we run; the highway*（TRLL Supplementary Report 567）. Crowthorne, UK: Transport and Road Research Laboratory.

（16）Schunk D.H.（1985）Participation in goal setting: Effects on self-efficacy and skills of learning disabled children. *Journal of Special Education*: 19, 307–317.

（17）Treat J.R., Tumbas, N.S., McDonald, S.T., Shinar, D., Hume, R.D., Mayer, R.E., Stansifer, R.L., Castellan, N.J.（1979）. *Tri-level study of the causes of traffic accidents: Final report*（*Volume I: Causal factor tabulations and assessments*. DOT HS-805 085）. Washington DC: U.S. Department of Transportation.

（18）Walton, D., McKeown, P.C.（2001）. Drivers' biased perceptions of speed and safety campaign messages, *Accident Analysis and Prevention*, 33, 629–640.

参考図書

・大谷亮・金光義弘・谷口俊治・向井希宏・小川和久・山口直範　編著（二〇一六）『子どものための交通安全教育入門』ナカニシヤ出版

子どもへの交通安全教育の内容や手法について、前半部分は理論的な記述がなされており、発達段階に応じて適切な安全教育を実施する必要性が謳われている。後半部分では、日本各地で実際に行われている交通安全活動の実践例が紹介されている。

・日本交通心理学会　企画　石田敏郎・松浦常夫　編著（二〇一七）『交通心理学入門』企業開発センター交通問題研究室

本章では、事故防止を目的とした交通安全教育の話題しか触れられなかったが、運転中の認知特性、運転適性の問題、加害者や被害者への支援の問題など、交通心理学の幅広いテーマを網羅的に紹介している。また日本交通心理学会が認定する交通心理士になるためのテキストでもある。

・大田博雄　編著（二〇一八）『コーチングによる交通安全教育　メタ認知力の向上をめざして』ナカニシヤ出版

従来からの安全教育では、教え込みを中心とするティーチングが用いられることが多いが、運転経験が豊富な職業運転者や高齢者に対しては、学習者に主体的な学びを促すコーチングが有用とされている。コーチングについての理論的な記述とともに、教習所や企業、学校での教育実践例が紹介されている。

第10章　「創造性」をどう伸ばすのか

山口　洋介

1　はじめに

文房具屋や雑貨屋を訪れるのが好きという人は多いだろう。筆者の場合、本屋やスーパーマーケット、家電量販店などもここに含まれる。たとえ、目当ての商品があるわけではなくても、空き時間に立ち寄って、店内を隅の方までぐるっと一周する。そうすると、他の店では見かけなかった商品や、前回訪れた後に新しく発売された商品を、いくつも目にすることができる。これまでにない、画期的な商品に出会った時には、言いようのないうれしさがこみあげてくるとともに、開発した人の発想に対して驚きや賞賛の気持ちが生じてくる。ぶらぶらと歩いて過ごすひと時は、日常生活における「心のオアシス」のような位置づけを占め、英気を養い、再びそれぞれの日々の勉強や業務に戻るための貴重な気分転換の一つになっていると言っても過言ではないだろう。

しかし、静かに座って休んでいる方が疲労を回復させられるようなものであるが、なぜ、人間はわざわざ歩き回って、必要かどうかもわからないものを自ら進んで探そうとするのだろうか？ 一つの解釈として、人間は「情報食動物」であるという見方ができる。(3)(12) つまり、人間は生来的に情報を手に入れようとする欲求を有しており、新たな情報を得ることに大きな喜びを感じる動物だということである。例えば、私たちはよくテレビを見たり、ネットサーフィンをしたり、本を読んだり、友達とおしゃべりをしたり、新発売のお菓子を食べたり、行ったことのない場所を訪れたりする。こうした活動の目的は一つに限定されるものではないが、情報収集に関する欲求を満たそうとする活動と見ることもできるだろう。もし、新しい情報から遮断されてしまい、同じ情報にしか接触できなくなったとしたら、どのようになるだろうか。毎日、同じ場所にしか行けず、同じ物を見て、同じ物を食べる。あなたの生活満足度は、たちまちに大きく低下してしまうはずである。水・食物や安全な場を求める欲求に比べれば、優先順位は低いものの、生命の維持に直接的に関係するわけではないにもかかわらず、新たな情報や刺激を得たいという欲求は強く存在しており、人間の特筆すべき特徴として挙げられる。

この特徴は、人類の進歩に大きく寄与してきたと推測される。新しい情報を求める欲求を満たすために、人間は新しい情報・知識を自ら生み出そうとしてきた。しかし、一度生み出した内容もまた、次第に新しいものとして認識されなくなってしまうため、さらに新しい内容を模索することが求められる。そうして常に現状からの変化が喚起され、絶え間のない知の循環が生じることが、社会の飛躍的な発展の根幹を成してきたと解釈することができる。新しい発見や発明を生み出す活動を、心理学では「創造性（Creativity）」と呼ぶ。創造性というテーマは、古くから関心が持たれ、一九五〇年頃から次第に盛んに研究が行われるようになった(9)。しかし、非常に複雑な現象であるため、議論がなかなか収束を見せず、研究は徐々に下火となっていった。その一方で、近年になって、f－MRI（機能的磁気共鳴画像法）といった新たな測定機器の普及や、創造性に対する社会的ニーズの高まりを受けて、再び大きな関心が向けられている(16)。本章は、そうした古くて新しいテーマである創造性に関して、先行研究にもとづきながら、からみ合った糸を少しずつほぐしていくように、理解を深めていくことを目的とする。

2　創造性とは何か

(1)　創造性とは絵をうまく描けること？

創造性と言うと、どのような活動を思い浮かべるだろうか。芸術に関する活動、例えば、絵を描くことや楽器を演奏することを、はじめに思い浮かべた人は多いかもしれない。また、ノーベル賞を受賞するような科学的発見や、世の中のあり方を大きく変えたような画期的な発明を思い浮かべた人もいるかもしれない。他にも、「創造性」「創造的」「クリエイティブ」といった言葉を目にする機会は、色々な場面や文脈で増えているように思われる。

では、「創造性とはどういう意味なのか？」と尋ねられたら、あなたならどう説明するだろうか？　頻繁に用いられる言葉である一方で、実際のところ、送り手側にとっても受け手側にとっても、何を伝えようとしているのかが不明瞭である場合は少なくない。また、場面や文脈によって、微妙にニュアンスを変えながら、無意識のうちに使い分けているようなところもあるように感じられる。「創造性の定義は人の数だけある」と言われることがあるほど、人によって認識のずれが存在し、混乱しているのが現状である。この混乱の背景には、科学的な専門用語としてよりも早く、一般的な用語として広く普及していたことが関係していると考えられる。つまり、個々の文脈において創造性という言葉が広まるにつれて、本来の意味だけでなく、そこから派生した意味が付与され、それぞれに独自な変化を遂げてきたために、多様な見方が入り乱れているのではないか、ということである。

学術的な用語として、創造性研究者の多くの間で基本的な一致が得られている創造性の定義は、「新しくて価値のあるアイデアを生み出す活動」ということである。[(4)(13)(15)] すなわち、習慣的な見方や考え方にとらわれずに、これまでとは異なるアイデアを含む成果を生み出すことが、元来の意味として挙げられる。しかし、新しければどんな成果でもよいのかというと、現実的にはそうではなく、少なくとも何かしらの点において価値が見出されることも求められる。この定義に沿えば、創造性は何も芸術の分野に限定されるものではなく、科学・技術はもちろん、多くのビジネスにおける業務や、日々のあらゆる活動に関係しうるものだと捉えられるだろう。逆に、芸術に関する活動の全てが、創造性と認められるわけではない。「絵を上手く描けること」や「難しい曲を演奏できること」が、創造性であるかのように認識される場合があるが、高度な技術を身につけること自体は、創造性の定義に含まれない。基本的には、「新しくて価値のあるアイデア」を生み出せているかどうかを、創造性の前提として捉えるべきであるだろう。

(2)　創造性とは世の中のあり方を大きく変えること？

創造性と言うと、レオナルド・ダ・ヴィンチやスティーブ・ジョブズのような人物を連想し、歴史的な偉業を達成することだと思われやすい。確かに、創造性の究極的な目標としては、真理の解明や人類が直面する社会問題の解決といった、世界を大きく変革するような成果を生み出すことが想定される。一方で、そうしたことだけを創造性とみなすのであれば、創造性とはめったに起こらず、大半の人にとって達成が困難な活動ということになる。

「創造性とは何か？」という問題を考えるためには、その意味だけでなく、成果が満たすべき基準についても検討する必要がある。つまり、どれほど新しくて、どれほど価値のある成果であれば、創造性とみなされるのかという問題である。この点に関して、「H-Creativity」と

「P-Creativity」という区別の仕方が提案されている。[4] H-Creativityとは、「歴史的（Historical）」な創造性という意味であり、それまでに世界中の誰も生み出したことのない、社会に大きな影響力を持つような成果を生み出すことを指す。一方で、P-Creativityとは、「心理学的（Psychological）」な創造性という意味であり、少なくともその人物の経験枠組みに照らして、新しいと認められる成果を生み出すことを指す。つまり、他の人にとっては既知の事柄であったり、すでに同じことを考えた人がたくさんいたりしても、生み出した人にとって未知の事柄を自分で考え出した場合には、P-Creativityに含まれる。

H-CreativityとP-Creativityの間には大きな隔たりが存在しており、難しさや価値といった点において全く異なった活動であるように見える。そのため、両者を区別し、H-Creativityに相当する成果のみを創造性とみなすべきだと考える者は少なくない。しかし、H-CreativityとP-Creativityの間で、生み出されるプロセスの面から、明確な差異を見出すことは難しい。[4] というのも、H-Creativityに含まれる成果は、必然的にP-Creativityにも含まれるためである（図10-1）。それゆえ、H-Creativityが生み出されるプロセスやメカニズムを説明するための理論が明らかにされたとしても、その理論はP-Creativityのプロセスやメカニズムに関する説明としても当てはまることになる。両者が異なるプロセスから生み出されると判断できる根拠はなく、両者を分ける要因は成果に内在する性質というよりも、むしろ外的・状況的な側面にあると推測される。例えば、ライバルとなる人物が存在するかどうかや、成果が広く受け入れられるため

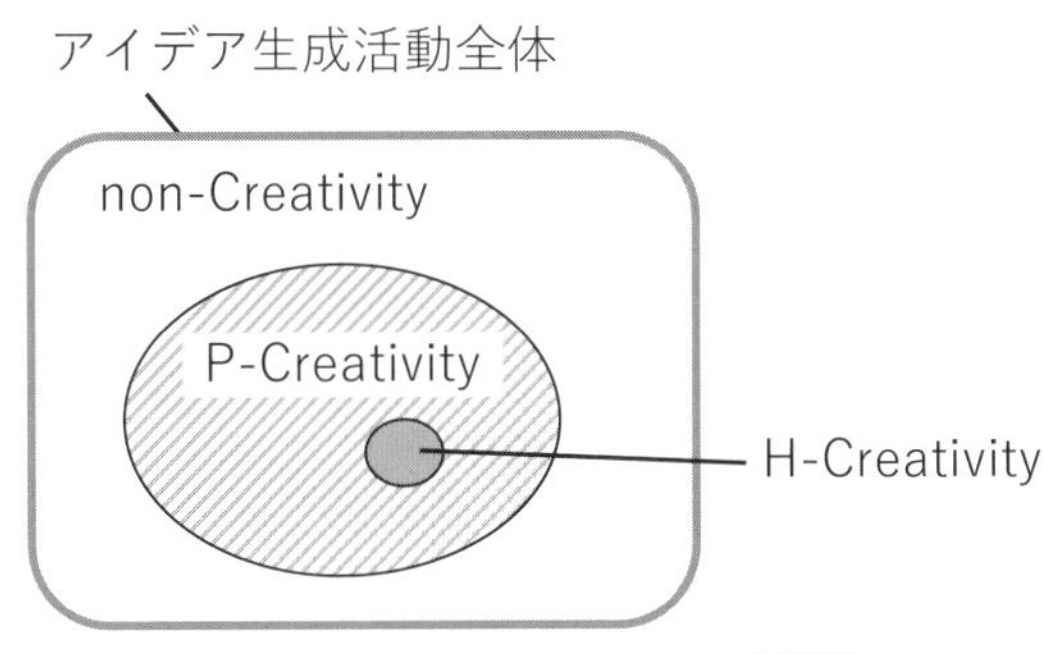

図10-1　H-Creativity と P-Creativity の関係性

の土壌が社会にあるかどうかなどの偶発的な要因によって、H-Creativity となるか P-Creativity に留まるかが決まるということである。

社会全体の視点からすれば、社会的に何かのインパクトがなければ、その成果の存在価値はないに等しいのかもしれない。しかし、個人的な視点から捉えた場合、社会への影響力の有無に関係なく、その人物にとって新しく価値のあるアイデアであるならば、それを生み出す活動は創造性そのものである。歴史的・社会的に名を残すかどうかは、あくまで結果論であり、さまざまな偶然に左右される。よって、基本的には、H-Creativity と P-Creativity を異なる活動として区別してしまうのではなく、連続体上に捉え、P-Creativity を生み出そうとすることが、結果的に H-Creativity にもつながると捉えるべきだと考えられる。

また、教育の観点からしても、創造性を社会的なレベルの成果のみに限定することは、あまりよくない影響をもたらすと想定される。能力が足りていなければ、最初から社会的にインパクトの強い成果を生み出そうとしても、達成することはほとんど不可能である。たとえ能力が高い人であったとしても、非常に大きな労力を伴うとともに、達成できる見込みは低い。よって、そうしたことだけを創造性とみなして指導することは、創造性に対する苦手意識を必要以上に高めて、興味や楽しさを感じにくくさせてしまう恐れがあると懸念される。個人的なレベルの創造性を繰り返し経験することを通して、少しずつ自信を育みながら、能力を高めていくことができると考えられる。

3　創造性のプロセス

(1)　どうして新しいことを生み出すのは難しいのか？

もし、あなたが飲料メーカーで新商品を開発する立場にあったら、どのようにして飲み物の新商品について考えるだろうか。少し想像してみてほしい。まず、多くの人は、現時点で売れている商品や、過去に自分が好きだった商品を思い浮かべることから始めるだろう。ある程度の数を思い出したら、新しい商品を生み出そうと、既存の商品の問題点を検討したり、「どんな商品だったら売れるか」と世間のニーズを探ろうとしたりする。すると、いくつかの案が思いつくものの、「実現は難しそうだな」、「従来の商品とあまり変わらないかも」、「あまり売れなさそう」などと感じられて、却下になる。さらに考え続けると、別の案を思いつく。はじめの案よりはいくらかよさそうであるが、絶対的な自信を持つことができるほどではない。そのうちに、アイデアが少しずつ出にくくなってきて、それと呼応するように「疲れたな」、「お腹がすいたな」などと関係のないことが頭に浮かび、集中力がどんどん低下して、それ以上考えられない状態になってしまう。

こうした経験をしたことは、誰しも一度や二度はあるだろう。創造的なアイデアを考え出すことは、決して容易ではない。アイデアを生み出す活動は、「明確に定義されていない問題（ill-defined problem）」の一種だとみなすことができる。すなわち、最終的なゴールの状態が定まっていないとともに、考慮すべき観点や進め方が明らかにされていないような問題である。ありとあらゆる可能性について考える必要があるため、長時間にわたって大きな認知的負担がかかる。そのため、問題に取り組んでいる途中で、しばしば頭がフリーズしたような状態に陥る。そうした状態は、「心的飽和」や「インパス（impasse）」という用語で言い表される。

心的飽和とは、同じ作業をずっと続けていると、次第にその作業に対して嫌悪感が生じて、続行が困難になる現象である。[7] 心的飽和は、認知的な負担の大きさに関係なく、どのような作業においても生じるとされる。疲労と似たような現象であるが、単なる疲労とは異なり、変化の少なさに耐えかねて、集中力が続かなくなる状態だと推測される。インパスとは、思考の行き詰まりの意味である。インパスは、例えば、「同じアイデアを二度以上生み出す」、「問題を何回も続けて読み直す」、「何も思い浮かばず、頭の中が空っぽのように感じる」、「いらだちや欲求不満をはっきりと自覚する」といった形で行動面や感情面に表れてくるとされる[8]。創造的なアイデアを生み出すうえで、何かしらの壁に直面することはほとんど不可避であり、いいかえれば、壁に直面することなく生み出されたアイデアは、さほど大したものではない可能性が高い。

アイデア生成には、人間の記憶構造が密接に関係している。人間の長期記憶は、さまざまな概念が意味的に関連するもの同士で結合し、ネットワーク構造を成していると考えられている[6]。アイデアを生み出そうとする際には、各人において蓄積された記憶にもとづいて思考が進められる。そのプロセスに関して、「最小抵抗経路（the path-of-least-resistance）モデル」という理論が提唱されている[18]。これは、テーマに関連した記憶内容の中で、なるべく抵抗の小さな経路、つまり、連想が強く形成されており、活性化に要する労力が少なくて済む経路に沿って、記憶を活性化させ、その内容にもとづいて思考を進めていく傾向にあるという説である。記憶のあり方によって、生み出されやすいアイデアは異なってくる。しかし、多くの人において想起されやすい内容は典型的で共通したものであるため、そこから生み出されるアイデアもどうしても似かよったものになりがちになる。創造的なアイデアを生み出すには、他のより活性化しにくい内容にも目を向けることが必要であるが、そのためにはより大きな労力を投入することが求められる。心的飽和やインパスといった状態は、いくつかの記憶材料にもとづいてアイデアを生み出した後に、新たな記憶材料をうまく活性化させせることができていない状態と言えるかもしれない。

創造性は、「離れること（detachment）」と「とらわれること（commitment）」を、同時に成立させるような活動だと表現されることがある。[5]「離れること」とは、ありきたりな事柄や既存の枠組みから進んで脱却しようとする態度が不可欠だということである。一方で、「とらわれること」とは、ただ脱却すればよいというわけではなく、真理の探究や問題解決といった目標の達成に近づくこと、本質に迫ることが必要だということである。脱却するだけならば、突拍子もないことを考えればよいため、それほど困難ではない。しかし、目標達成という枠の中で脱却を図ることは、格段に難しい営みである。「離れること」と「とらわれること」という一見矛盾するような行為を実現しなければならないところに、創造性の難しさの本質があるように思われる。

(2)　どのような段階を経て生み出されるのか？

創造性のプロセスは、多くの部分がベールに覆われたままであるため、さまざまな言説が流布しやすい。例えば、「神のお告げ」であるとか、「勘」、「第六感」、「インスピレーション」、「センス」といった言葉で説明されることがある。創造的なアイデアはなかなか得られず、ある時に突然降ってくるように感じられるため、努力ではコントロールすることができず、何かの神秘的な力によってもたらされるものであるという印象が形成される傾向にある。確かに、アイデアが得られるかどうか、あるいは、アイデアがどれくらい早く得られるかということには、偶然や幸運の要素が多少なりとも関係しているだろう。しかし、そうした要素を強調しすぎることは、誤解を生じさせるとともに、創造性に懸命に取り組もうとする意欲の低下を招いてしまうだろう。

創造性のプロセスに関して、最もよく知られているモデルとして、「ワラスの4段階説」がある。ワラスは、創造的な成果が生み出されたプロセスの多くに、共通した特徴があることを指摘した[17]。すなわち、「準備期→あたため期→ひらめき期→検証期」という段階を経るという説である。準備期とは、テーマに関連する情報を収集したり、アイデアについて「ああでもない、こうでもない」と探索したりする段階である。あたため期とは、準備期とひらめき期の間にある、休止期間のような段階である。テーマに関する意識的な努力は特に行われておらず、卵をあたためて孵化するのを待つように、準備期における試行錯誤の結果をじっくりと寝かせておく時期である。すると、ある時、不意にこれまで考えつかなかったアイデアが思い浮かんでくる。それが、ひらめき期である。ひらめきは、思い浮かんだ瞬間に、「これだ！」という確信のようなものを伴っている場合が多いとされる。検証期とは、ひらめき期に得られたアイデアについて、本当に優れたものかどうか、意識的に確認する段階である。ダイヤの原石を磨いて、輝きがどの程度のものかを見きわめていくような作業だと言える。もし、見当違いであったり、まだ検討の余地がありそうだと判断されたりすれば、準備期に戻って、再び一連のプロセスを進めていくことになる。しかし、置かれている状況はそれまでとは異なっており、得られたひらめきによって、異なる観点や新たな可能性に気づきやすくなっていたり、考えるべき方向性を絞りやすくなっていたりする。そのように、創造性の各段階は互いに影響を及ぼし合っており、刻一刻と変化する状況のなかで、各段階を何度も繰り返すことで、少しずつプロセスが前進していく。ひらめきは、突然訪れるように主観的には感じられても、その前後にはいくつもの小さな変化の連鎖が生じているはずである。

創造性のプロセスにおいて、最も不思議な段階が「あたため期」である。ひらめきにとって、あたため期をはさむことは必須ではないものの、重要な役割を果たしている場合が多い。では、あたため期においてひらめきが生じるのは、どのようなメカニズムなのだろうか。

基本的な見方として、「休息仮説」と「忘却仮説」の二つが挙げられる。[1] 休息仮説とは、脳が疲労から回復することが、ひらめきに必要だというシンプルな見方である。疲れてくると、だんだんと考えられなくなるが、休憩をとることによって、パフォーマンスが元のレベルに回復するということである。近年のf-MRIを用いた研究などにおいては、ぼんやりと安静にしている時に、むしろ活発に活動する脳領域があることがわかるとともに、そこで記憶に関する処理がなされていることが明らかにされつつある。[11] 疲労から回復するにつれて、無意識のうちに、テーマと結びついた記憶の活性化が盛んになり、解決につながりそうな内容が想起された時に、それが意識にのぼってくることが、ひらめきのきっかけになるのではないかと推測される。一方で、忘却仮説とは、準備期における思考内容を忘れることによって、新たな観点からの思考が促され、ひらめきが可能になるという見方である。意識的な思考においては、どうしても一点集中になってしまいがちで、他の可能性に注意が向きにくい。そうした流れがいったんリセットされることで、他の方向にも思考が広がっていきやすいということである。心的飽和やインパスと呼ばれるような状態に陥ると、思考の継続が困難となる。しかし、あたため期の働きを考慮すれば、考えることから距離を置こうとすることはそれほど悪いことではない。脳を過大な負担から守ろうとする防衛的な反応と見ることもできれば、問題に対する混乱した状況からいったん離れて、異なるアプローチを試そうとする、より適応的な反応と見ることもできるだろう。ただし、やはり何も考えずにひらめきが得られるわけではなく、準備期における十分な努力が、その後の思考の転換や発展に重要な影響を及ぼしていると捉えられる。

4　創造性をどう伸ばすのか

(1)　創造的な人は何が違うのか？

創造性の高い人物とは、どのような人だろうか？　髪を金色に染めている人？　変わった形をしたフレームのメガネをかけたり、おしゃれな帽子をかぶったりする人？　なんとなく、そのようなイメージがあるかもしれない。確かに、そうした人物は少なくともファッションについては関心が高いと言えるが、見た目だけで創造性の高さを判断してしまうのは、やや短絡的だろう。別の見方として、生まれつき特別な才能に恵まれた人物だというイメージを抱いている人もいるかもしれない。もしそれが正しいとすれば、どのような才能なのだろうか。また、もし特別な才能がなかったとしたら、創造性を発揮することはできないのだろうか。

創造性のトレーニングのあり方について検討するためには、まず、創造性がどのような能力から成り立っているのかを分析することから始める必要がある。創造性は、人間が行う認知的活動のなかでも最も高度なレベルに位置づけられるものであり、通常、長時間にわたって行われる。そのため、単一の側面だけで創造性の全体像を捉えようとすることには、無理がある。あらゆるリソースを投入することが必要とされる、総合的な活動とみなした方が適切であるだろう。アマビルという研究者は、創造的な成果を生み出すために必要な側面として、三つの要素を指摘した[2]。一つ目は、「領域に関連するスキル」であり、アイデアを生み出そうとしている領域に関する知識や技術、才能などの要素を意味する。二つ目は、「創造性に関連するスキル」であり、アイデアを生み出すことに関する知識や思考力などの要素が含まれるだろう。三つ目は、「課題に対する意欲」であり、「考えるのが楽しい」といった好奇心の高さや、「何とか解決しなければならない」といった必要性の高さが当てはまる。こうした要素のそれぞれを十分に有していなければ、創造性を発揮することは困難であるとされる。一方で、要素間で互いに補い合うといった関係性も想定され、例えば、アイデア生成に関するスキルが多少低くても、意欲が十分に高ければ、不足している分をカバーできる可能性があると考えられる。そのような複雑な相互作用のもと、創造性は成り立っており、一つの側面のみに着目し、あまりに単純化した形で捉えてしまわないように注意すべきである。

創造性のトレーニングにおいても、多面的に捉えることが不可欠だろう。いわゆる発想技法と呼ばれるテクニックを指導することなどによって、創造性を伸ばそうとする教育がよく見受けられる。もちろん、アイデアの生み出し方に関する理解を深めたり、スキルを高めたりすることを目的とした教育的介入は必要であり、中心的なアプローチとして据えられる。しかし、そうした介入の効果が、必ずしもすぐに成果に表れるわけではないことに留意する必要がある。高い創造性を発揮するためには、アイデアに関する側面だけでなく、対象となる領域に対する知識や意欲も、同じくらい重要な役割を果たしている。ある領域において創造的な成果を生み出す人物が、他の領域においても創造的な成果を残せるわけではないのは、このためである。「好きこそ物の上手なれ」と言われるように、どれくらい熱心に一つのことに打ち込めるかということは、創造性にとってやはり非常に大切である。例えば、ファッションに高い関心のある人は、そうでない人に比べて、流行を扱った雑誌をよく読んだり、他人の身だしなみにより多くの注意を向けたりするだろう。料理に高い関心のある人は、色々なレストランを訪れたり、スーパーマーケットやコンビニエンスストアで売られているお惣菜を注意深く観察したりするだろう。関心の高さは、知識の増加につながり、知識の増加は、新しい情報を知ろうとするより強い欲求へとつながる。そのようにして蓄積されていった知識は、アイデアを生み出そうとする際の豊かなデータベースとなり、その人にしかできない独自な見方の下地を形成する。

(2)　思い込みから逃れるためにはどうすればよいか?

ひらめきを得るうえでの大きな障害の一つが、「これはこういうものだ」という思い込みである。創造性研究においては、「固着（fixation）」と呼ばれることが多い。例えば、何か手を伸ばしても届かないところにある物を取らなければならないという時、あなたは棒として使える物を探すだろう。もし、木が近くにあって、折れた枝が地面に落ちていれば、それを棒として使うことを思いつくのは、簡単である。では、枝が折れておらず、木に付いたままの場合はどうだろうか。木から枝を折って、棒として使用することはなかなか思いつきにくい[7]。このように、すでに何かしらの役割を果たしていたり、ある物体の一部として組み込まれていたりする場合、その機能に固着してしまって、他の機能として用いることは困難になる。人間は、あるがままに見ているつもりであっても、実際には、無意識のうちに情報を取捨選択しており、見やすいように加工された情報を認識していると言える。

このことは、人間の情報処理特性を考えると、ごく自然なことであるという見方ができる。

つまり、人間の注意資源は有限であり、同時にあらゆる側面や可能性に注意を向けることはできない。そのため、人間には、なるべく認知的な負担が小さく、素早く処理できる方法で対応しようとする性質が備わっている。こうした性質は、大量の情報を処理することが求められる日常生活においては、有益な方向に働く場合が多い。一方で、複雑さや曖昧さが減じられた形で、画一的に情報が処理されてしまうため、固着が生じる原因となり、創造性にとってはむしろ阻害的に働いてしまう。

固着から逃れるためには、まず、「人間は固着に陥りやすい」と認めることが大切である。それによって初めて、常識や暗黙の前提となっている内容がないかを、意識的に疑うことができる。何の疑問も感じることなく受け入れていることの一つ一つに、あらためて注意を向け、上から下から、左から右から、あれこれと色んな角度から見ようとしてみる。すると、ある時、前景と背景が逆転するように、これまでとは違った見え方が突然生じる時がある[7]。そうした認識の大きな変化が突破口となり、創造的な成果につながっていく場合が多い。

また、柔軟な物の見方ができるように、普段からトレーニングを行うことも有効である。例えば、自分のアイデアを、他人が生み出したアイデアと比較することである[14]。同じ問題について、各自でできるだけたくさんのアイデアを考えた後で、それを共有する。自分ではアイデアを出し尽くして、「もう他にはないはずだ」といくら思っていたとしても、まだまだ異なるアイデアが潜んでいるものである。他人のアイデアや視点を知ることを通して、自分のなかに存在していた固着に気づくことができるとともに、自分の判断に惑わされることなく、どんな時でも異なる可能性を探り続けることがいかに大切であるかを、身にしみて感じることができる。

他には、なじみのある場所や事物に対して、強制的にいつもとは異なる見方をしてみるというトレーニングも有効だろう。例えば、いつも自分が使っている傘に対して、おおむね満足していたとしても、何か問題点や改善点がないかを考えてみる。すると、「持ち手の部分が滑りやすく、持つのに意外と力が必要だ」、「店で財布を出して支払いをする際に邪魔になる」、「リュックサックの部分まで覆うことができていない」など、いつもなら「仕方がない」とほとんど無意識のうちに受け入れてしまっていた点に、気がつくことができるかもしれない。さらに、新たな観点として、「傘とつえの両用にできないか」、「傘に護身用品としての機能を付け足すことはできないか」といった見方もできるかもしれない。よく知っているつもりの事物であっても、あらためて注意を向けて捉え直すことによって、固定的な見方から離れて、異なる見方をすることが可能である。ちょっとした待ち時間にでも、こうしたトレーニングを行うことで、より柔軟に思考できるようになるのではないかと考えられる。

5 おわりに

ここまで、創造性に関するいくつかの一般的な疑問に答える形で、説明を試みてきた。非常に複雑な現象であるがゆえに、まだよくわかっていない部分が大きいことも事実である。多様な知見や解釈が入り乱れており、体系化が十分に進んでいるとは言いがたい。本章においては、筆者なりの視点に立って、なるべく統一的な理解を形成することを心がけてきた。創造性について理解を深め、考えていくための足がかりとして、少しでも役立つ情報を提供することができたならば、幸いである。

近年、「チャレンジ設定型学習（Challenge Based Learning：CBL）」という概念が広まりつつある。[10]これは、学習者が自らチャレンジする内容を発案し、その達成に向けて、自分でどう行動すべきかを考え、実践していくという学習モデルである。チャレンジの達成に向けて取り組むなかで、自ら学ぶ姿勢を身につけるとともに、創造性や協調性、リーダーシップ、実行力、最先端の電子機器の操作技術など、さまざまなスキルを獲得していくことができると期待される。身近なささいなことであったとしても、自らの行動によって社会を変えられたという感覚が得られることは大切であり、次のチャレンジに向かうための大きなモチベーションとなる。自主的に挑戦し、成功や失敗の経験を積み重ねることのできる場は、創造性を伸ばすための理想的な環境であると考えられる。

創造性は、一般的な学習内容とは異なり、「まずこうして、次はこうする」といったように決まった手順として教えることができる性格のものではない。そのため、学習者が自身で多かれ少なかれ試行錯誤しながら、徐々に体得することが求められる。一方で、周囲の親や教師は、学習者が自信や積極性を維持できるように、サポートしていくことが重要である。創造性はとてももろく、心ない言葉一つで、簡単に見失われてしまうものである。生み出されたアイデアについて、時に認め、励まし、一緒に面白がる。それによって、学習者はもっとよいアイデアを生み出そうと頑張ることができ、創造性を高めていくことができるのである。

引用文献

（1）アダマール・J.（一九九〇）.（伏見康治・尾崎辰之助・大塚益比古訳）『数学における発明の心理』みすず書房

（2）Amabile, T. M.（1983）. The social psychology of creativity: A componential conceptualization. *Journal of Personality and Social Psychology*, 45, 357–376.

（3）Biederman, I., Vessel, E.（2006）. Perceptual pleasure and the brain: A novel theory explains why the brain craves information and seeks it through the senses. *American Scientist*, 94（3）, 247–253.

（4）Boden, M. A.（1994）. What is creativity? In M. A. Boden（Ed.）, *Dimensions of Creativity*（pp. 75–117）. Cambridge, MA: MIT Press.

（5）ブルーナー・J・S・（一九六九）（橋爪貞雄訳）『直観・創造・学習』黎明書房

（6）Collins, A. M., Loftus, E. F.（1975）. A spreading-activation theory of semantic processing. *Psychological Review*, 82（6）, 407–428.

（7）ドゥンカー・K・（一九五二）（小見山栄一訳）『問題解決の心理――思考の実験的研究――』金子書房

（8）Fleck, J. I., Weisberg, R. W.（2004）. The use of verbal protocols as data: An analysis of insight in the candle problem. *Memory Cognition*, 32, 990–1006.

（9）Guilford, J. P.（1950）. Creativity. *American Psychologist*, 5, 444–454.

（10）カウチ・J、タウン・J（二〇一九）（花塚恵訳）『Appleのデジタル教育』かんき出版

（11）越野英哉・苧阪満里子・苧阪直行（二〇一三）デフォルトモードネットワークの機能的異質性『生理心理学と精神生理学』三一、二七–四〇

（12）中島義明（二〇〇七）『情報の人間科学：認知心理学から考える』コロナ社

（13）恩田彰（一九七一）『創造性の研究』恒星社厚生閣

（14）Sannomiya, M., Yamaguchi, Y.（2016）. Creativity training in causal inference using the idea post-exposure paradigm: Effects on idea generation in junior high school students. *Thinking Skills and Creativity*, 22, 152–158.

（15）高橋誠（二〇一二）「5Pモデルの創造性教育体系」試案『日本創造学会論文誌』一六、一–二五

（16）山口洋介・三宮真智子（二〇一七）創造性に関する心理学的研究の動向　テーマ別の件数の推移を中心として『日本教育心理学会第59回総会発表論文集』三八八

（17）Wallas, G.（1926）. *The Art of Thought*. NY: Harcourt Brace.

（18）　Ward, T. B.（1994）. Structured imagination: The role of category structure in exemplar generation. *Cognitive Psychology*, 27, 1–40.

参考図書

・カウチ・J、タウン・J（二〇一九）（花塚恵訳）『Appleのデジタル教育』かんき出版

好奇心を探求することではなく周囲の期待に応えること、クラスメイトと協調するのではなく競争すること、何かを発見することではなく暗記することが求められる現代の教育システムに関して、どう変えていくべきかという提案と願いが込められた画期的な一冊。

・鹿毛雅治編（二〇一七）『パフォーマンスがわかる12の理論――「クリエイティヴに生きるための心理学」入門！』金剛出版

どうすれば自分自身のパフォーマンスを高められるのか、思考・感情・動機づけ・学習・コミュニケーションといった十二のテーマにもとづいて、心理学的な知見が幅広くまとめられた一冊。

・高橋誠（二〇一四）『問題解決手法の知識（第二版）』日本経済新聞出版社

問題解決のプロセスに関する説明とともに、問題解決のためのさまざまな発散技法および収束技法に関して詳細な解説が記されており、全体像を把握するために最適な一冊。

第11章 「うまく教える」方法はどうやって知ることができるか

西森　年寿

1　はじめに

どうすればうまく教えることができるのか。これは教育学において長く追求されてきた教育の方法に関する中心的な問いの一つである。教師や教える側の人間が、うまく教える方法を知りたいと考えることは自然なことであろう。他方、教わる側の人間もなるべくうまく教えてもらいたいと思うだろう。

では、うまく教える方法はどうすれば知ることができるだろう。いくつかのアプローチが考えられる。例えば、これまでの日本の教育界にはたくさんの「授業名人」とも呼べる先生たちが登場してきた[11]。そして、多くの教師や研究者たちが、それらの授業名人たちの創り出す授業や、授業について語る言葉から学んできた。すなわち、優れた成果をあげている教育者のやり方から、うまく教えるための秘密を探ろうとするアプローチである。そうして得られた知見の蓄積は、教科書や教材の内容や形式に反映されたり、教員研修で伝えられたりすることを通して、陰日向に日本の教育を支える財産となっている。

あるいは、教師が自分たちの普段の授業づくりを工夫しながら、よいやり方を探っていく「授業研究」と呼ばれるアプローチもある。[4] 例えば、自分の授業をビデオに撮って、同僚の教師や研究者たちとともに議論し、あそこが良かっただとか、ここが改善できるのではないかなどと反省するのである。授業研究は日本の教育現場では盛んに行われており、教師の資質能力を高める方法の一つとして、重視されてきた。

さて、この章では人間に関する科学的研究（すなわち人間科学）の中でも心理学をベースとした、人の学習過程にもとづいて、うまく教える方法を探求するアプローチについて中心的に検討しよう。そこでは、どんなやり方でうまく教える方法についての知見を得ようとしているのだろうか。うまく教える方法だけでなく、その知見を得たやり方も是非知ってもらいたいというのがこの章のメッセージである。

まずは、この心理学的なアプローチで積み重ねられてきたさまざまな知見のほんの一部を紹介することからはじめてみよう。

2　無駄な負荷を減らす

⑴　ワーキングメモリと認知負荷理論

私たちが何かを見聞きして、その意味を理解するとき、頭の中ではワーキングメモリと呼ばれるシステムが働いていると考えられている。ワーキングメモリは一時的に情報を覚えて、目的に応じた処理をするための仕組みであり、私たちが日常生活を過ごすのに不可欠なものである。例えば、授業中に先生から「教科書の五九ページを開きなさい」と指示されたとしよう。教科書を手に取ったあなたは、そのページを開くまでに、目標が「五九ページ」であることや、そもそも「今、自分は教科書で先生が言ったページを開こうとしている」こと自体を覚えておかねばならない。また、次々とめくられるページの数字を読み取り、五九ページがその先にあるのか、あるいは行き過ぎていないかといった判断を行う必要がある。ワーキングメモリはこうした処理を実行する。ワーキングメモリの働きがなければ、授業を受けるときであれ、参考書で独学しているときであれ、人が何かを学習するということは、うまく始められそうにもない。

ワーキングメモリには一度に保持したり、処理したりできる情報の量に制限があることが知られている。さきほどの例でいえば、「教科書の五九ページを開きなさい。また、そのページをよく読んで、大事だなと思うところに赤色、わからないところに黄色、大事ではないけれど面白いなと思ったところに青色の線を引きなさい。」といった指示が続いたら、多くの人は、最後のほうで「あれ?何ページを開くのだったかな」となってしまう。それをなんとか思い出そうとしているうちに、今度は黄色の線を引くのはどんなところかが思い出せなくなる。実際、一度に多くのことをしなければならないとき、あるいは、自分がはじめて聞くような話や複雑な話が続くと、頭が容量オーバーになり、ついていけなくなる感覚は、誰もが経験したことがあるだろう。ワーキングメモリの容量を超えたことを要求されても、人はうまく対処できない。

さて、このようなワーキングメモリの制限に着目したのが認知負荷理論である。(13) 認知負荷理論は、学習効果を高めるために、ワーキングメモリにかかる負荷に配慮して授業内容や教材を設計しようという考え方である。さきほどの教科書を開き、線を引く作業であれば、指示を一度に覚えておくのは負荷が多すぎるので、例えば、まずは教科書を開くところまで指示を終えて、残りはページを開けてから伝えたほうがよいということになる。

もちろん、学習中にかかる負荷は、この例のように教師からの指示を覚えておき、そのとおり処理するようなものだけではない。例えば、教科書や参考書のようなテキストを開いて自習する場面を考えてみれば、目に入ってきた複数の単語から構成される一文の意味を理解したり、その文章の前に書いてあった内容との関係を確認したり、この先に書いてありそうなことを予想したり、といった様々な負荷をワーキングメモリで処理しなければならない。当然、この負荷が過剰であれば、テキストをうまく読むことができず、学習は失敗する。

(2) 空間的近接と一貫性の原則

アメリカの心理学者メイヤーは、[3]認知負荷理論の考え方を取り入れて、教材設計に関する数多くの知見（＝原則）を見出している。ここではそのうち二つの原則を紹介しよう。

一つ目は空間的近接の原則である。これは、テキストを作成するとき、図とそれを説明する文章は近くに配置したほうが良いというものだ。例えば、何かの組織図があり、その各要素と要素間の関係を説明する文章を考えてみてほしい。あるいは、グラフがあってその読み取り方について説明している文章でもよい。この関連する図と文章の二つの要素を、ページ上のどこに配置するのかを、テキストの作成者は決定する必要がある。

図と文章が空間的に離れていると、文章を少し読んだ後に図へ、そして、図を見た後に元の文章へ、といった風に視線を移動させながら、テキストが伝えようとしている内容を把握しなければならない。目線を移動して、対象のものを探すというのは負荷である。しかも、文章理解に本来必要な本質的な負荷とは異なる、無駄な負荷である。だから、図とそれを説明する文章は近くに配置すれば、文章理解にとって本質的な負荷に集中できるだろうというのが、この空間的近接の原則の理由である。

メイヤーらは、雷の発生原理を五つの段階に分けて順に説明する五つの図と六〇〇単語程度の文章で構成されるテキストについて、図11-1のように二つのレイアウトを用意して比較している。一方は、紙の左側に文章全てをひとまとめに配置し、右側に図を五つ固めて並べるとい

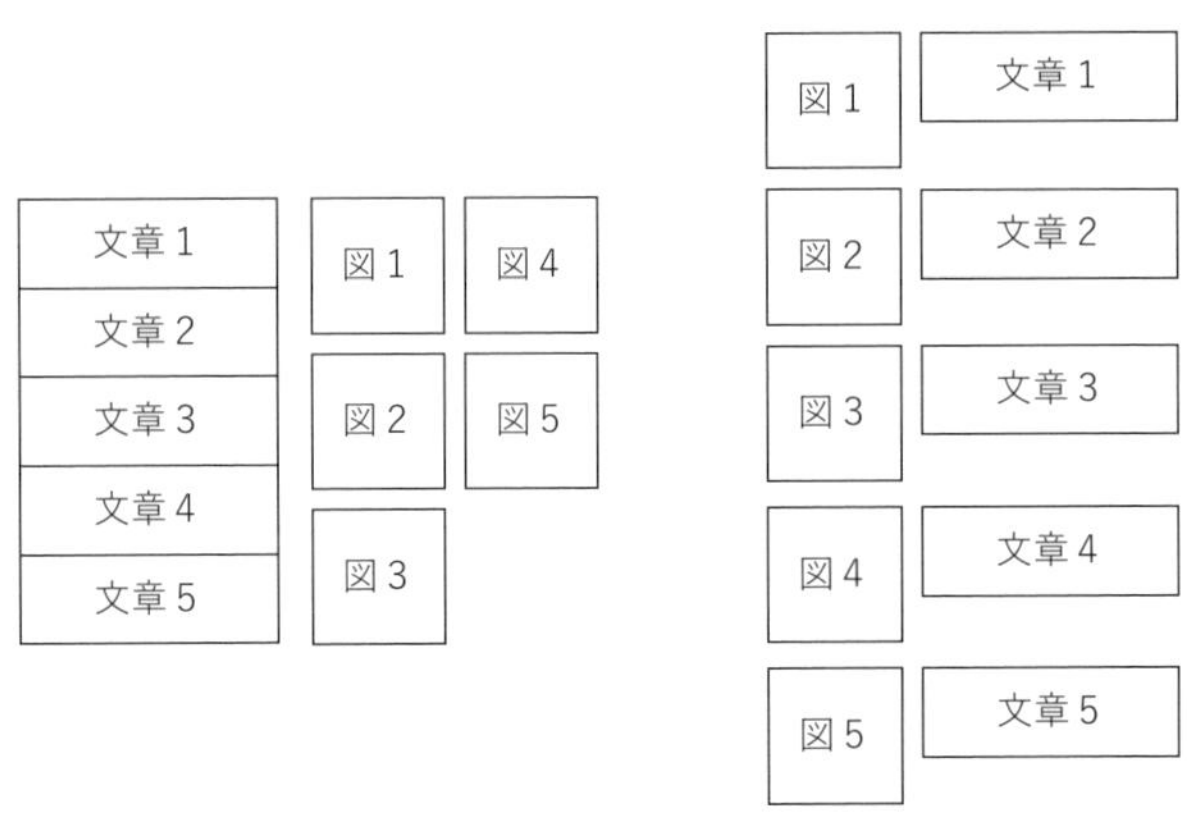

図11-1　レイアウトA（左）とレイアウトB（右）

うレイアウトAである。他方は、各図の右横に、その図に対応する文章の部位だけを配置して、五つの段階の順に縦に並べるレイアウトBである。実験の結果、Aを読んだものよりも、Bを読んだもののほうが理解度の高いことが確かめられている。

二つ目に紹介するのは、一貫性の原則である。一貫性の原則は、学習内容とは直接関わりのない文章や図、すなわち、一貫性のない情報は取り除いたほうがよいというものである。

メイヤーらは、さきほどの雷の発生原理の教材に、雷に打たれた飛行機の写真と「金属製の飛行機には雷が落ちますが、ダメージは受けません」という一文を付加したものを作った（図11-2）。つまり、雷には関係するけれども後に行うテストの内容とは関係しない情報を追加した。元の教材と情報を追加した教材の比較を行った実験の結果、元の教材で学んだもののほうが成績は高かった。

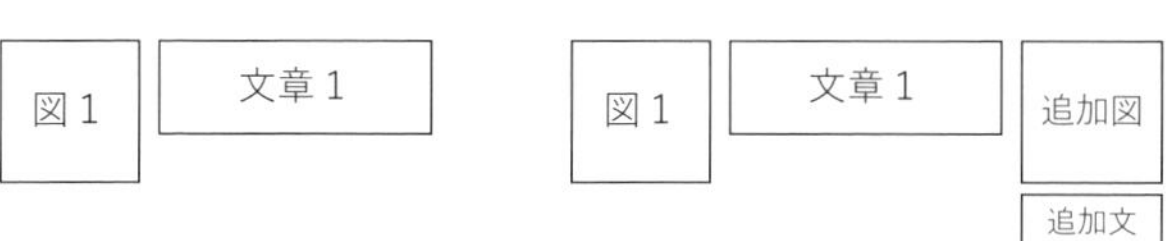

図11-2　元の教材（左）と情報を追加した教材（右）

飛行機のような身近な存在の意外な事例を示すと、興味を喚起して、内容についての関心を高めるといった良い効果が期待されるような気がする。おそらく、この教材を読んだものたちも面白いという感覚を抱いただろう。しかし、雷の発生原理について理解させたいという教材の本来のねらいからすれば、このような「面白い話」は無駄な負荷になってしまっている。この他、一貫性のない情報として、コンピュータ上の教材に内容とは直接関係のないＢＧＭを付け加えることも理解を阻害するという知見を、メイヤーらは見出している。

(3)　文章の連接性を高める

学習において、余分な負荷を与えてしまうものとしてもう一つ、文章の「連接性」について述べておこう。連接性とは、文と文、語と語のつながりの良さを意味する。つながりが良ければ、どの語がどの語を指し示しているかを読みとったり、複数の文で表現されている因果関係や対比関係を読みとったりすることが容易になる。逆に、連接性の低い文章は、文と文の関係を読み取るための負荷が高くなり、場合によっては表現されている因果関係などをうまく理解できない可能性がある。

深谷の研究[1]は、テキストの連接性が高くなるように修正することで、文章の理解度を高められることを実証したものである。深谷はまず、ある歴史教科書の内容について、次のようないくつかの種類の修正を行っている。

(a) 指示語でなく、類似の語を用いて繰り返すようにする

例

元テキスト	これらの中国人
修正テキスト	貿易にたずさわる中国人

元テキストにあった「これらの」とは、その前にでてくる「中国人の商人」を指すものであるが、これを「これら」という指示語でなく、商人を言い換えた類似語「貿易にたずさわる」で繰り返すように修正している。これにより、指示語の場合に必要な、前の文章のこの内容のことを指しているのだろうと推測したり、読み直したりする負荷が取り除かれる。

(b) 文と文の関係の明示化

例

元テキスト	輸入の中心となったものは、中国産の生糸・絹織物・薬種・砂糖などで、日本からは銀・銅などが輸出された
修正テキスト	オランダ船からの輸入の中心となったものは、中国産の生糸・絹織物・薬種・砂糖などであった。それに対し、日本からは銀・銅などが輸出された

輸入と輸出の内容を区別して二つの文に分けて、「それに対し」という接続詞でつなげることで、二文が対比関係を示すものであることが明示される。接続詞の利用は、文と文の連接性を高めて、読解の負荷を下げてくれる。

深谷はこのような種類の修正を行ったのち、中学生を元テキストを読む群と修正テキストを読む群に分けて、テキストを読ませた。その後、単純な内容確認テストと、応用的な推論が求められるテストに取り組ませた結果、いずれのテストも修正テキストを読んだ群のほうが、得点が高くなったと報告されている。

以上のように、空間的近接の原則や一貫性の原則も、連接性を高める工夫も、いずれも無駄な負荷を取り除き、本来の内容を理解するという負荷に学習者を集中させようという原理にもとづいている。私たちは普段、教科書や参考書に書いてあることが難しくてよくわからないという経験をしばしばする。しかし、その難しさの理由は、単に内容が高度で複雑であるからだけでなく、教材や授業に無駄な負荷が含まれているためでもあることを、これらの研究は気づかせてくれる。

3　精緻化とテストの効果

(1)　記憶の精緻化

うまく教えるための工夫は、無駄を削るばかりではない。情報を付け加えることの重要性を指摘しておこう。

スタインたち[9]は記憶のしやすさについて実験を行っている。実験参加者たちが覚える対象となったのは、「のろまな（slow）」「背の低い（small）」といった一般的な形容詞の一二語であった。スタインたちはそれらの形容詞を含む次のような三種類の文を用意した。

三種類の文の例　「のろま」の場合

基本文	のろまな男にはダイアモンドは高すぎた
適切精緻化文	会社をクビになったのろまな男にはダイアモンドは高すぎた
不適切精緻化文	のろまな男にはダイアモンドは高すぎたので息子に残せなかった

適切精緻化文と不適切精緻化文は、どちらも基本文に下線部の情報が付け加えられた形になっている。適切精緻化文では「のろま」と「ダイアモンドは高すぎた」の間を補完し、お互いを結びつけるような情報が加わることで、読み手は「のろまだから、会社をクビになり、定職が

ない身なのでダイアモンドは高いのだな」と考えることができる。一方、不適切精緻化文で付け加わった情報はそうではない。単に、新しい情報が増えただけである。なお、「のろま」以外では、例えば「背の低い」ならば、基本文は「その子供を慰めたのは背の低い男だった」などのように、各形容詞はそれぞれ「男」を形容する形で提示された。

実験参加者たちは三群に分けられ、基本文などのいずれかの種類のみの一二文が提示され、その文のわかりやすさを五段階で評価するように指示された。ここで注意しておきたいのは、この実験では参加者たちは、後でテストするから覚えるように指示されたわけではないことだ。つまり、評価のためと言われて読んだだけの内容を後でどの程度覚えていられるかを、この実験では測ろうとしている。このような学習は偶発学習と呼ばれて、後のテストに備えて意識的に学習する意図的学習とは区別される。

実験の結果を見てみよう。一二文の提示が終わった後、「（　　　）男にはダイアモンドは高すぎた」のような、基本文を使った空所補充の課題が提示され、ターゲットである形容詞を思い出せるかが確かめられた。その成績がよい順に並べると、適切精緻化文群、基本文群、不適切精緻化文群となった。

この実験から、まず、ときとして、覚える情報の量が少ないより、詳しいほうが良く記憶できることがわかる。基本文のほうが提示された量が少なかったので、無駄がなくて記憶されやすいのでは？と予測できそうでもある。しかし、このような文章をいくつも見ていると、どの男がどうだったのか後で思い出しにくくなるのだ。覚えるべき情報に、さらに詳しい情報が付加されることを精緻化（elaboration）と呼ぶ。[12] 一般に、精緻化の量が多いほうが、後で思い出す手がかりが増えて、記憶には有効なのだと考えられている。また、情報の量だけでなく質が関係していることもわかる。不適切精緻化文に比べて、適切精緻化文のように、記憶の対象となる形容詞とその後の文の結びつきに必然性を与えるような情報の付加にこそ効果があるようだ。

また、付加する情報を自己生成する方法の効果も知られている。[6] 例えば、基本文「空腹の男が車に乗った」を提示したあと、「なぜ男はそのようなことをしたのでしょう?」という質問の答えをなんでもいいから実験参加者自身に考えさせる。このように理由を自己生成させた群では、実験者の用意した「空腹の男がレストランへ行くために車に乗った」といった文章を提示した群よりも、さらに再生率が高くなることが報告されている。各人が頭を使って考えるという活動や、自分にとってしっくりくる情報で精緻化したほうが効果的なのかもしれない。

(2) テストの効用

精緻化における自己生成の効果が示すように、うまく教えるということは、テキストや授業で伝える内容を丁寧に用意するという方法だけに限定されない。教える側は、学習者に何をさせるのかを工夫することで、学習の効果を高められる。これは昨今、日本の教育でも話題となっているアクティブラーニングの重要性にも通ずる。

例えば、何かを学習する教材を一度読んだとして、もう一回テキストを読み返すより、いきなりテストを受けたほうが、最終テストの成績があがることがわかっている。このことを実証している代表的なローディガーらの実験[7]について紹介しよう。

この実験では、学生たちはある文章を五分間ほど読んだあと、三つの群に分けられた。ＳＳＳ群では続いて五分×三回ほど文章を読み直す（Study が三回なのでＳＳＳである）。ＳＳＴ群は五分×二回読み直して、最後の五分は再生テストを行う（Study を二回やった後、Test 一回なのでＳＳＴ）。ＴＴＴ群は五分×三回とも再生テストを行う。再生テストとは、文章をなるべく詳しく思い出して書くというものであった。なお、どの程度正確に書けていたかなどのテストの結果はフィードバックされなかった。

これら各群での二〇分の学習の後、最終の再生テストが実施された。最終テストは五分後と一週間後に実施されるもので、各群の学生は半分に分かれていずれかを受けた。その結果、五分後のテストではＳＳＳ群の再生率が八割を超え、ついでＳＳＴ群、ＴＴＴ群の成績順で、ＴＴＴ群は七割程度の再生率となった。しかし一週間後のテストでは、ＳＳＳ群は四割程度に落ち込んだのに対して、ＳＳＴ群は六割未満、ＴＴＴ群は六割を超えるという逆転が起きていた。つまりＴＴＴ群は忘却が少なく、記憶の定着に成功していたと言える。

一度しか文章を読まなかった群が成績がよいと考えると不思議な気もする。しかし、改めて考えてみると、確かに最終的に自分で再生できることを目標にするならば、読み直すより、再生すること自体の練習に時間をかけたほうが効果的だということだろう。

心理学をベースとした効果的な教え方や学習方法に関する知見はまだまだある。例えば、学校での学業に関しては、どのようにすれば学習意欲を持てるのか、持たすことができるのかが大きな課題となる。これについては、「動機づけ」というキーワードのもと、さまざまな理論や支援方法が提案されている[2]。もし、興味を持たれたなら、是非、教育心理学などの入門書を手にとってみてほしい。

4 実験という方法とその限界

(1) 実験の基本

ここまで、無駄な負荷は省いたほうがよい、精緻化できる情報を加えておくほうがよい、テストに答える経験をさせたほうがよい、といった効果的な教え方について紹介してきた。本章の残りの部分では、こうした知見との付き合い方について注意をしておきたい。大事なのは、どのようにしてその知見が得られたのかに注目することである。上述の知見は多くの場合、「実験」という方法を通して効果が確かめられたものであった。まずは実験とは何かを簡単に確認しておこう。

人間に対する実験は、心理学の主たる研究方法[10]として洗練されてきた。実験において重要なキーワードの一つは「無作為（ランダム）」である。例えば、日本の小学五年生に対して教授法AとBのいずれが有効であるのかを実験で検証したいとするならば、「日本の小学五年生」全体の中から実験に参加させる子供を無作為に選んできて、さらに教授法Aを受ける群と、教授法Bの群のいずれかに無作為に割り当てる。対象として選びだすとき（抽出）と、群に割り当てるとき（配分）で「無作為」が二回ある。

無作為とは、なんでもいいから適当にという意味ではない。サイコロを振って出た数字を利用するなど、信頼に足る方法で厳密に行うものである。例えば、ある地域だけから抽出すると、その地域の塾が多いだとかの教育環境の影響を受けるかもしれない。研究者が実験参加者の顔を見て配分すると無意識に成績が高くなってほしい群に優秀そうな人を割り当ててしまうかもしれない。このようになんらかの偏りが入ってしまうことは結果を歪めてしまう。

また、配分に関わることであるが、実験においてもう一つ重要なキーワードが「比較」である。日常的には、Aの教え方を行ったとき、事前テストに比べて事後テストの成績があがったということがわかったなら、Aは効果的な教え方だと考えても困らないだろう。しかし、それだけでは、例えば、従来から行われている普通の教え方でも同様に効果があるのではないかといった疑問には答えられない。ここまで取り上げた実験がそうであったように、AとBのやり方を比較することで、Aが本当に効果を持つのかを確かめられる。それゆえ、例えば従来のやり方より効果があると主張したいなら、それに応じた適切な比較対象を設けることが大事なのである。

(2) 実験結果の注意点

しかし、実際に、効果的な教育方法を実験によって検証しようとなると、次のような困難があることに気づく。

さきほど「日本の小学五年生」全体の中から無作為に抽出すると述べたが、そうして選んだ子供たちを日本のどこかの実験室まで連れてくることは、旅費や本人の意思を考えると現実的には難しい。それに、断らずにわざわざ実験室まで来てくれた子供たちは、保護者がそうしたことに積極的かどうかなどの影響を受けており、偏りがありそうでもある。一方で、前述の記憶の実験のようなものなら、日本のどこに住んでいるかで実験結果にそう違いは生まれないと考えてもよいように思われる。そこで、どこかの学校にお願いして、教室を借りて、そこに通う子供たちを対象に実験をするなどの方法が採られることが少なくない。そうした実験は、無作為に抽出していない点で、実験の結果にもその学校の特性が影響しているかもしれないことに注意が必要だろう。

もう一つの困難は、無作為配分に関する問題だ。例えば分数を教えるときにこんな教材で教えたら効果的ではないか、といった授業方法の有効性を確かめる研究などは、通常の授業時間を利用して実施するのが現実的だ。そうなると、一組はAの方法、二組はBの方法という既存のクラスを用いた群分けをしなければならなくなり、無作為配分は行えない。このように無作為配分ができないと、もはや実験とは言えず、準実験と呼ばれる。

準実験では、もともと一組はクラスの雰囲気が良く、二組は悪いといった特性があるかも知れず、それらの要因が実験の結果に影響を与えてしまう可能性がある。このため、準実験では、（二組の他にも）たくさんの比較対象を用意したり、実験の対象となる教科以外の成績も変化していないかを調べたりすることで、実験の結果がその授業方法自体に由来することの確からしさを高める努力がなされる。

以上のように教育方法に関する実験は簡単には行えないので、その結果を読み取るときには、抽出や配分でどんなやり方がとられているのか、また、準実験となってしまっているなら、結果に影響を与えるような要因が紛れ込んでいないのかを考慮しなければならない。その上で、さらに次のような点も注意しておく必要がある。

（a）素材やテストなど実験の内容

実験で行われていたのは、どんな素材を覚えたり、理解したりする課題であったかを再度確認してみてほしい。具体的には、それは単語を覚えさせるものだったのか、あるいは、科学的な概念を理解させるものだったのだろうか。もしかすると、時間内にたくさん問題を解くとい

どであるう課題だったかもしれない。また、教材はテキスト形式だったのか、ビデオ形式だったのかな

抑制しなければいけないのは、実験で行われていたのと性質の異なる課題に、実験の結果をそのまま適用することである。例えば、単語を覚える実験で効果的だったやり方は、科学的な概念を深く理解するときにも効果をあげることまでも保証されてはいない。同様に、テキストを読む際に有効なやり方は、ビデオを見るときにも有効だろうか。もしかすると、自分のペースで読み進めることのできるテキストの特性の下だから有効なやり方であったのかもしれない。あるいは、偶発学習でしか効果が確かめられていないなら、テストを意識した意図的な学習においても成果があるのかについては判断を保留したほうがいいだろう。

(b) 実験参加者の特性

実験に参加していたのはどんな人々だったろうか。年齢や、もともとの知識や関心の違いに目を向けてみよう。例えば、大学生を実験参加者として行った実験の結果をそのまま小学生に適用してよいのだろうか。また、実験では、どのような学力レベルの人たちが集められていただろうか。例えば、学力の高い子供たちに有効な方法が、低い子供たちにも有効だろうか。

5　おわりに

実験から得た知見の取り扱いについて、いろいろとうるさい注意を述べたが、さらに言うならば、現実には、それらの知見が学校現場などですぐにそのまま利用できるということは多くはない。教育の実践は、長期間にわたる、固有の人間たちの複雑な関係の中で成り立つものだからだ。

例えば、一貫性の原則に関連して、私の研究室の学生が卒業論文で類似の実験を行ったことがある[5]。この実験は、レーザープリンタとエアコンの原理を説明する一五分程度のビデオを作成し、そこに四分程度の「雑談」を加えたバージョンと比較するものであった。雑談は、例えばレーザーの話をしている途中で、講師が自身の鼻炎のレーザー治療の経験を話すというものである。大学生たちに参加してもらった実験結果は、メイヤーらと同様に、雑談がない条件のほうが成績は良かった。

しかし、こうした実験結果があるからといって、授業中の教師の雑談が無駄だということは決して言えないだろう。雑談は、長い授業に飽きてしまった子供たちの関心を引きつけるための有効なテクニックである。教師自身の人生経験を伝え、教師に親しみを持ってもらう効果もあるだろう。うまい雑談には、もっと勉強したいと思わせるものもある。そう考えると、実験結果を聞いて、無駄だと思って雑談を止めてしまわれては困ることになる。一方で、雑談など聞きたくないという生徒たちもいるかもしれないし、どうしても話が苦手な先生もいるだろうから、そんなときは雑談より、少し休憩時間をとるだとかのほうが効果的かもしれない。つまり、雑談がいつも効果的であるわけでもないのだ。このように、教育実践におけるうまい教え方は、その場にいる固有の人々の関係の中で選ばれるべきものでもある。

実は、心理学の知見と教育実践の間には深い溝があり、時には教師たちの思考を窮屈なものにしてしまうなどの問題も生み出していることが、指摘されてきた。[8] しかし、だからといって、実験で得られたうまい教え方の知見が、役に立たないと放り出すのはもったいないと筆者は考える。そうした知見は時には自分の思い込みから開放してくれるし、力強い味方になってくれることもあるからだ。

昨今では効果的な「教え方」や「学習法」についてのたくさんの本が出版されているし、ネットの動画などを通しても情報が手に入りやすい状況があるように思う。もしあなたが「これは、科学的に証明されている教え方・学習法だよ」といった話を聞いて興味をもったなら、その知見がどんな研究から生み出されたのか調べてみてほしい。知見の「出どころ」を知っておくことは、その知見の限界や応用範囲を理解することにつながり、その知見を使うとき、あなたに自信と柔軟性を与えてくれるだろう。それに、なんとか確実で一般的な知識を得ようとする科学的研究の工夫から、積み重ねられてきた人類の苦労と英知に触れることができる。科学的な根拠はないけれども、筆者のおススメのやり方である。

引用文献

（1）深谷優子（一九九九）：局所的な連接性を修正した歴史テキストが学習に及ぼす影響．『教育心理学研究』四七（一）、七八-八六

（2）鹿毛雅治編（二〇一三）：『モティベーションをまなぶ12の理論』金剛出版

（3）Mayer, R. E.（2009）. *Multimedia Learning, second edition*. New York, Cambridge University Press.

（4）水越敏行・吉崎静夫・木原俊行・田口真奈（二〇一二）：『授業研究と教育工学』ミネルヴァ書房

（5）村上大介（二〇一九）：教授者の雑談が受け手の内容理解に与える影響．大阪大学人間科学部平成30年度卒業論文

（6）Pressley, M., McDaniel, M. A., Turnure, J. E., Wood, E., Ahmad, M.（1987）. Generation and precision of elaboration: Effects on intentional and incidental learning. *Journal of Experimental Psychology: Learning, Memory, and Cognition*, 13:291–300.

（7）Roediger Ⅲ, Henry L. Karpicke, J. D.（2006）. Test-enhanced learning: Taking memory tests improves long-term retention, *Psychological science*, 17（3）: 249–255.

（8）佐伯胖・宮崎清孝・佐藤学・石黒広昭（二〇一三）：『新装版 心理学と教育実践の間で』東京大学出版会

（9）Stein, B. S., Morris, C. D., Bransford, J. D.（1978）. Constraints on effective elaboration. *Journal of Verbal Learning and Verbal Behavior*, 17: 707–714.

（10）高野陽太郎・岡隆編（二〇一七）：『心理学研究法 補訂版』有斐閣アルマ

（11）田中耕治編（二〇〇五）：『時代を拓いた教師たち』日本標準

(12) 豊田弘司(二〇一三)．符号化．日本認知心理学会編『認知心理学ハンドブック』一四六–一四七 有斐閣ブックス
(13) 湯澤正通・湯澤美紀編(二〇一四)．『ワーキングメモリと教育』北大路書房

参考図書

・伏見陽児（一九九九）『心理実験で語る授業づくりのヒント』北大路書房

ある原理を教えるときにはどんな事例を提示したら効果的か、といった授業づくりの問いについて、教科教育で扱われる素材を用いて検証した実験の数々を紹介してくれる。楽しく手軽に、この分野の研究の面白さ、有用性について感じられる。

・鈴木克明（二〇〇四）『教材設計マニュアル：独学を支援するために』北大路書房

本章では登場しなかったが、うまく教えるための知識の体系化を目指すインストラクショナルデザインと呼ばれる研究分野がある。本書は、その基礎知識を知り、自分の「教材」づくりに活用できる実用的な図書である。

・秋田喜代美（二〇一二）『学びの心理学 授業をデザインする』左右社

本章の最後に述べたように、学校現場における教育実践は複雑で固有の出来事である。この本は、教育や学習などに関する心理学の知見を交差させながら、実践現場の複雑性と固有性をまるごと受け取り、包括的に授業のデザインを考えていく。

執筆者紹介（執筆順）

金澤　忠博（かなざわ・ただひろ）

大阪大学大学院人間科学研究科・教授。専門は比較発達心理学・臨床発達心理学。

〈主な業績〉

金澤忠博（2007）超低出生体重児の行動発達，南徹弘（編）『朝倉心理学講座3　発達心理学』朝倉書店，128-143

金澤忠博（2017）社会・情動発達の基礎，近藤清美・尾崎康子（編）『講座・臨床発達心理学4　社会・情動発達とその支援』ミネルヴァ書房，2-19

木村　涼子（きむら・りょうこ）

大阪大学大学院人間科学研究科・教授。専門は教育社会学、歴史社会学。

〈主な業績〉

木村涼子（1999）『学校文化とジェンダー』勁草書房

木村涼子（2010）『〈主婦〉の誕生』吉川弘文館

篠原　恵介（しのはら・けいすけ）

大阪大学大学院人間科学研究科・助教。専門は行動神経科学、行動生理学。

〈主な業績〉

Shinohara, K. and Hata, T.（2018）Post-acquisition hippocampal blockade of the NMDA receptor subunit GluN2A but not GluN2B sustains spatial reference memory retention. *Neurobiology of Learning and Memory*, 147, 1-8

Shinohara, K. and Yasoshima, Y.（2019）Inactivation of the basolateral amygdala suppresses the expression of taste neophobia but not the retrieval process in attenuation of neophobia. *Behavioural Brain Research*, 312, 112010

野村　晴夫（のむら・はるお）

大阪大学大学院人間科学研究科・教授。専門は臨床心理学、生涯発達心理学。

〈主な業績〉

野村晴夫（2014）生活史面接後の「内なる語り」．『心理臨床学研究』32，336-346

野村晴夫（2017）自己語りと想起が促す生活史の再編．『心理臨床学研究』35，4-14

園山　大祐（そのやま・だいすけ）

大阪大学大学院人間科学研究科・教授。専門は比較教育制度学。

〈主な業績〉

園山大祐編（2016）『岐路に立つ移民教育』ナカニシヤ出版

園山大祐編（2018）『フランスの社会階層と進路選択』勁草書房

澤村　信英（さわむら・のぶひで）

大阪大学大学院人間科学研究科・教授。専門は国際教育開発論。

〈主な業績〉

澤村信英編（2014）『アフリカの生活世界と学校教育』明石書店

澤村信英編（2019）『発展途上国の困難な状況にある子どもの教育――難民・障害・貧困をめぐるフィールド研究』明石書店

中澤　渉（なかざわ・わたる）

2020年3月まで、大阪大学大学院人間科学研究科・教授、2020年4月より立教大学社会学部・教授。専門は教育社会学、社会階層論、社会調査法。

〈主な業績〉

中澤渉（2018）『日本の公教育――学力・コスト・民主主義』中央公論新社

中村高康・平沢和司・荒牧草平・中澤渉編（2018）『教育と社会階層―― ESSM全国調査からみた学歴・学校・格差』東京大学出版会

中村　瑛仁（なかむら・あきひと）

大阪大学大学院人間科学研究科・講師。専門は教育社会学、教員文化論。

〈主な業績〉

中村瑛仁（2019）『〈しんどい学校〉の教員文化――社会的マイノリティの子どもと向き合う教員の仕事・アイデンティティ・キャリア』大阪大学出版会

中村瑛仁（2019）学校環境の違いによって教師役割はいかに異なるのか？――校区の社会経済的背景に着目しながら．『教師学研究』22（1），1-11

中井　宏　（なかい・ひろし）

大阪大学大学院人間科学研究科・准教授。専門は交通心理学・産業心理学。

〈主な業績〉

Nakai, H., Usui, S.（2017）How do user experiences with different transport modes affect the risk of traffic accidents? From the viewpoint of licence possession status. *Accident Analysis and Prevention*, 99, 242–248

中井宏・岡真裕美・臼井伸之介・森泉慎吾（2018）小学生に対する安全教育プログラム「ひなどり」の開発と実践：学校内での負傷予防を目指して．『安全教育学研究』17（3），33–46

山口　洋介　（やまぐち・ようすけ）

大阪大学大学院人間科学研究科・助教。専門は創造的思考の理論的・認知的研究。

〈主な業績〉

山口洋介・三宮真智子（2013）タイピング思考法の開発とその有効性の検討．『日本教育工学会論文誌』37（suppl.），113–116

三宮真智子・山口洋介（2019）発想に及ぼすあいづちの種類の効果．『心理学研究』90（3），301–307

西森　年寿　（にしもり・としひさ）

大阪大学大学院人間科学研究科・教授。専門は教育工学。

〈主な業績〉

西森年寿・望月俊男・椿本弥生・山内祐平・久松慎一・中原淳・大浦弘樹（2014）MEET Video Explorer : 問題設定を支援する映像クリップ視聴プレイヤーの開発と評価．『日本教育工学会論文誌』38（3），309–316

西森年寿・加藤浩・八重樫文・望月俊男・安藤拓生・奥林泰一郎（2018）多人数授業におけるグループワークの運営を支援するグループウェアの開発と評価．『日本教育工学会論文誌』42（3），271–281

索　引

[た行]

編者紹介　＊　主な業績は執筆者紹介に記載

中澤　渉　　大阪大学大学院人間科学研究科教授

埼玉県熊谷市生まれ。慶應義塾大学文学部卒業。東京大学大学院教育学研究科博士課程修了、博士（教育学・2005年）。東洋大学社会学部准教授などを経て、2018年より現職。2020年4月より立教大学社会学部教授。『なぜ日本の公教育費は少ないのか――教育の公的役割を問いなおす』（勁草書房・2014年）により、第36回サントリー学芸賞（政治経済部門）受賞。教育と階層、進路選択や労働市場、教育意識の問題を検討している。

野村　晴夫　　大阪大学大学院人間科学研究科教授

東京都生まれ。東京大学文学部卒業。東京大学大学院教育学研究科博士課程修了、博士（教育学・2007年）。北海道教育大学助教授などを経て、2018年より現職。心理療法や生涯発達における記憶想起とその言語化の働きを探っている。

シリーズ人間科学 4

学ぶ・教える

発行日　2020年3月16日　初版第1刷　〔検印廃止〕

編　者　中澤 渉・野村 晴夫

発行所　大阪大学出版会
代表者　三成賢次

〒565-0871
大阪府吹田市山田丘2-7　大阪大学ウエストフロント
電話：06-6877-1614（代表）　FAX：06-6877-1617
URL　http://www.osaka-up.or.jp

カバーデザイン　小川順子
印刷・製本　株式会社 遊文舎

ISBN 978-4-87259-621-2　C1330

シリーズ人間科学

1 ◉ 食べる

八十島安伸・中道正之 編　定価（本体 1800 円＋税）　238 頁　2018 年 3 月刊行

「食べる」をキーワードに、広範な学問領域から、「人そのものと、人が営む社会」を明らかにする。味覚、乳幼児の食行動、贈与交換と食、摂食障害、食事作法、炊き出し、辺境地の食、サルの食行動、食のタブー等について扱う。

2 ◉ 助ける

渥美公秀・稲場圭信 編　定価（本体 2000 円＋税）　272 頁　2019 年 3 月刊行

助ける／助けないことを哲学、共生学から検討したうえで、医療社会学、教育社会学、国際協力学のフィールドワーク、さらに人間工学、比較行動学、臨床心理学、現象学、グループ・ダイナミクスの視点から「助ける」を考える。

3 ◉ 感じる

入戸野宏・綿村英一郎 編　定価（本体 2000 円＋税）　286 頁　2019 年 3 月刊行

人工知能やロボットが活躍する現代、私たちには「感じる」という心の働きが残されている。知覚心理学から脳科学、社会心理学、安全行動学、発達科学、異文化コミュニケーション等の視点から、「感じる」心について紹介。

4 ◉ 学ぶ・教える

中澤渉・野村晴夫 編　定価（本体 2000 円＋税）　284 頁　2020 年 3 月刊行

実験、フィールドワーク、ドキュメント分析、統計分析、比較研究、臨床的アプローチなどの人間科学の領域から「学ぶ・教える」に切り込み、人間の本性を理解するための多面的な見方とその魅力を提示する。

5 ◉ 病む

山中浩司・石蔵文信 編　定価（本体 2000 円＋税）　280 頁（予定）　2020 年 3 月刊行

医学、哲学、霊長類学から病むことの意味について論じ、臨床心理学、臨床哲学、社会福祉学、医療人類学から治療や癒しの制度と意味を論じる。さらに人類学と社会学の立場から、社会における病気の意味を考える。